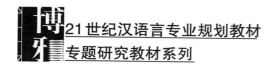

21世纪汉语言专业规划教材
专题研究教材系列

语法分布描写方法与案例

金立鑫 编著

图书在版编目 (CIP) 数据

语法分布描写方法与案例 / 金立鑫编著 . —北京：北京大学出版社，2020.8
21 世纪汉语言专业规划教材 . 专题研究教材系列
ISBN 978-7-301-31326-8

Ⅰ.①语… Ⅱ.①金… Ⅲ.①汉语—语法—高等学校—教材 Ⅳ.①H14

中国版本图书馆 CIP 数据核字 (2020) 第 097022 号

书　　　名	语法分布描写方法与案例 YUFA FENBU MIAOXIE FANGFA YU ANLI
著作责任者	金立鑫　编著
责 任 编 辑	宋思佳
标 准 书 号	ISBN 978-7-301-31326-8
出 版 发 行	北京大学出版社
地　　　址	北京市海淀区成府路 205 号　100871
网　　　址	http://www.pup.cn　　新浪微博：@北京大学出版社
电 子 信 箱	zpup@pup.cn
电　　　话	邮购部 010-62752015　发行部 010-62750672　编辑部 010-62753027
印 刷 者	大厂回族自治县彩虹印刷有限公司
经 销 者	新华书店
	650 毫米 ×980 毫米　16 开本　18.25 印张　289 千字 2020 年 8 月第 1 版　2020 年 8 月第 1 次印刷
定　　　价	58.00 元

未经许可，不得以任何方式复制或抄袭本书之部分或全部内容。
版权所有，侵权必究
举报电话：010-62752024　电子信箱：fd@pup.pku.edu.cn
图书如有印装质量问题，请与出版部联系，电话：010-62756370

目 录

序 言 1

第一章　描写的基本原则 1
  1　实验室原则 1
  2　扩展的分布分析方法 4
  3　证明过程透明可见，符合逻辑 7

第二章　近义实词的描写 14
  0　引言 14
  1　典型用例及句法分布 15
  2　扩展分布考察 16
  3　结论 19

第三章　近义介词的描写 21
  0　引言 21
  1　分布描写 21
  2　句法分布上的异同 23
  3　语义差异 24
  4　小结 26

第四章 "不相容选择"对象的描写 ············ 28
  0 引言 ·· 28
  1 时量成分的作用 ······························ 30
  2 "时量成分＋了"＋"没 VP" ···················· 32
  3 为什么不是"[时量＋没 VP]了"? ·············· 34
  4 对一个历史悬案的解释 ························ 37
  5 "S 了"和"S 的"的对立 ························ 38

第五章 近义副词的分布描写 ················· 40
  0 引言 ·· 40
  1 又 ·· 43
  2 再 ·· 45
  3 还 ·· 48
  4 也 ·· 50
  5 小结 ·· 53

第六章 两种基本句法成分位序关系的描写 ······· 55
  0 引言 ·· 55
  1 趋向次级谓语的成员 ·························· 55
  2 简单趋向次级谓语和宾语的关系 ·············· 56
  3 复杂趋向次级谓语的位置 ···················· 64
  4 小结 ·· 68

第七章 语义相反或相对的副词的描写 ·········· 70
  0 引言 ·· 70
  1 "就"和"才"最简结构描写 ···················· 73
  2 "就"和"才"扩展结构描写 ···················· 82
  3 对"就""才"扩展结构的形式抽象 ············ 87

4　小结 ·· 89

第八章　句法成分之间的兼容性描写 ································ 92
　　0　引言 ·· 92
　　1　问题的提出 ··· 92
　　2　"了"与"就"的语法语义功能 ·································· 94
　　3　"就"与句尾"了"的关系 ··· 96
　　4　"才"的预期时间隐含功能及其与句尾"了"的关系 ··· 103
　　5　"才"/"就"与词尾"了" ·· 106
　　6　问题 ·· 108
　　7　结语 ·· 109

第九章　对多功能副词的描写 ·· 111
　　0　引言 ·· 111
　　1　"低X就高Y了"与"高X才低Y"的条件 ················ 113
　　2　"当局长就40岁了"和"当局长就40岁" ················ 115
　　3　为什么有的例子只能用"就"不能用"才"？ ············· 123
　　4　小结 ·· 125

第十章　成分的"必用、选用和必不用"的描写 ················ 128
　　0　引言 ·· 128
　　1　前提与理论基础 ··· 129
　　2　形容词修饰名词与"的"的选择 ···························· 131
　　3　取消"区别词"的理由及形容词修饰语连续统假设 ··· 141
　　4　形容词与程度副词的选择 ··································· 144
　　5　小结 ·· 149

第十一章　对词尾语法标记的描写 …………………… 151

 0　引言 ……………………………………………………… 151
 1　X＋了,当且仅当 X 为一个谓词性成分 ……………… 153
 2　V 了＋X,当且仅当 X 为宾语性成分 ………………… 159
 3　X ＋ V 了 O,当且仅当 X 为主语 ……………………… 163
 4　小结 ……………………………………………………… 168

第十二章　对句尾语法标记的描写 …………………… 171

 0　引言 ……………………………………………………… 171
 1　句尾"了"与"即将情态" ………………………………… 178
 2　句尾"了"表示"现在起始"的句法条件 ……………… 179
 3　句尾"了"表示"现在起始"或"过去结束"
   的句法条件 ……………………………………………… 183
 4　句尾"了"与"过去的事件" …………………………… 186
 5　小结 ……………………………………………………… 190

第十三章　相容选择对象的描写 ……………………… 193

 0　引言 ……………………………………………………… 193
 1　必用"是……的" ……………………………………… 193
 2　选用"是……的" ……………………………………… 195
 3　必用"是" ………………………………………………… 199
 4　选用"是" ………………………………………………… 203
 5　必用"的" ………………………………………………… 204
 6　选用"的" ………………………………………………… 206
 7　"的"在宾语前后位置的句法条件和使用条件 ……… 207
 8　小结 ……………………………………………………… 211

第十四章　对构式内部结构的描写 …… 213

0　引言 …… 213
1　次级谓语述谓"把"后面的名词的"把"字句 …… 214
2　次级谓语述谓"把"前面的名词的"把"字句 …… 217
3　次级谓语述谓核心动词的"把"字句 …… 218
4　合格和不合格的复合命题"把"字句的结构数量描述 …… 221
5　从三条基本原则看"把"字句的结构条件 …… 222
6　小结 …… 232

第十五章　有理论导向的句法描写 …… 234

0　引言 …… 234
1　"±附着"语义特征视角下的描写和规则 …… 235
2　行为类型论的解释力 …… 237
3　行为类型：完成和成就 …… 239
4　小结 …… 241

第十六章　语法描写的逻辑形式 …… 243

0　引言 …… 243
1　单个描写对象的逻辑格式 …… 244
2　两个描写对象的逻辑格式 …… 247
3　将多个观察对象简化为两个 …… 254
4　将所有描写结果表述为逻辑命题 …… 258
5　解释：就是在命题内部寻求必然关系 …… 261

参考文献 …… 268

序　言

　　本书主要为语言类本科生和硕士研究生编纂,主要展示如何进行语法描写的方法和过程。本书集中以 11 个语法样本的具体描写展现结构主义描写语言学的基本方法,同时也适当地展示如何在描写语法事实的基础上进行形式化表达,如何进行理论解释。本书的最后一章是与陆丙甫先生合作完成的。本书的大部分样本分析的主要内容在学术刊物发表过,但在本书的编纂过程中作了不少修改,也有部分尚未正式发表。本书的主要目的是展示如何描写语法现象。希望读者能通过本书提供的案例了解语法描写的具体方法和过程。

　　语法研究被很多语言学家认为是语言学研究中的核心部分。因为语法决定了"一个句子是否能被正确构造出来"。而句子是说话的最基本单位。因此,语法长期以来成为语言研究中最受人们关注的领域。语言学中的很多核心理论都与语法相关。相信今后相当长的历史时期中,语法研究依旧是语言研究中的核心领域。

　　语法研究大致上分为两步:描写和解释。描写的目的是从表面纷繁复杂似乎无序的结构现象中抽象出整齐对应的规则。这些规则不仅是人工智能或计算机自然语言处理所需要的,也是语言教学所需要的(我们希望教师尽早能在课堂上用"规则的解释"来代替"习惯用法"的托词)。解释是建立在描写的基础上的,如果描写的结果是一个条件命题"如果 X,则 Y",那么对"为什么 X 必将导致 Y"的解释就是建立理论,用这些理论来解释这些规则为什么能够成立,以及其之所以能够成立的理据或理由或必然性。解释的过程或理论建立的过程或许也是规则被证伪、被修正、被证明的过程。

　　因此可以说,描写是语法研究的第一步。实际上不仅是语法学,语音学、修辞学、语篇结构学和语体学的第一步也都是描写。没有对语言事实的描写而直接建立语言学理论是不可思议的事情。然而,能对具体的语言现象作出描写,尤其是严格意义上的分布描写的,学界还不够普遍。常见的论著中的做法是"理论介绍或思辨——举例证明或反驳",而不是从具体语言样本出发进行"描写分析——建立或修正理论"的"描写—解释"模式。

　　国际语言学界通行的看法是,任何一位语言学家都有责任和义务对自己的母语提出分析报告,因为任何一位语言学家都对自己的母语有充分的把握和语感上的自信。实际上,无论是在理论还是在具体问题的分析中,所有著名理论的建立,绝大部分都是基于学者们对自己母语的分析和研究。鲜有他者,或凤毛麟角。因此,中国语言学工作者(以及将要成为语言学工作者的研究生)也有义务和责任对自己的母语(或对自己的方言)作出描写和分析。本书的目的是向语言研究学习者或对语言研究有兴趣的读者提供语法描写的样本。

　　本书在内容的编排上基本遵循由浅入深的方式,内容涵盖动词、介词、副词、时体标记词、搭配结构、构式等对象,为读者提供语法研究中最常见的现象的描写案例。希望读者能从中了解一些用分布分析法进行语法描写的工作程序和工作方法。下面简要介绍本书所描写的 11 个语言样本。

　　1. 第二章。近义实词之间的语义差别和句法分布的描写,选取的例子是"知道""认识"和"了解"这三个词。这三个词大致可以对应于英语的 to know 或 to understand,但在汉语中它们有着不同的分工,所能搭配的成分也不相同。这主要是由词义决定的。严格来说,这个样本的分析是通过句法组合来观察词义差异。

2. 第三章。功能相近的介词在语法功能上的差异和句法分布的描写,选取的例子是"对"和"对于"。这是一对功能上最为相近的介词,但实际上它们对各自的宾语有语法上的不同要求。这些差异也可以通过分布描写来揭示。

3. 第四章。现代汉语语法中有些成分可以成对使用,而有些成分不能成对使用,有些成对使用是有条件的。"没"和"了"就属于一般情况下不能共现的成分。但"了$_3$"却能与"没"在一定条件下共现。这一章对这一现象进行了描写。有兴趣的读者可以用旁观者的眼光来审视我们是如何进行描写和证明的,尤其是证明过程。科学研究的一个重要原则是证明过程的可见性,这一点我们在对这两个成分的描写中给予了充分的展示。

4. 第五章。最能体现结构主义语言学分布描写精髓的莫过于对一些功能相似的语法或语义单位的描写。这一章选择了现代汉语普通话中常见的四个表示重复意义的副词"又、再、还、也",对这四个副词的解释大概所有汉语教师都会感觉头疼,因为它们的语义太相近,句法上又都是副词的典型分布,很难区分。这一章依旧采用分布分析以及扩展的分布分析对其进行较为充分的描写,最后得出这四个副词的功能语义特征,并用图表展示了分布描写的结果,可以供汉语教师教学中参考。

5. 第六章。普通话中有一些常见的复合趋向动词,如"上来、下去、过来、过去"等,这些复合趋向动词通常出现在一个行为动词之后,如"拿上来、走过来"等。传统语法将这些复合趋向动词叫作"趋向补语"。其实这种处理在教学中并不有效。更好的处理应该将其理解为第二谓语,因为它们实实在在地对前面的某一名词性成分作出了位置移动的陈述。这一章所描写的是第一个动词的直接论元成分如果与这些复合趋向动词共现的话,它们之间的句法限制条件都有哪些。即,哪些名词可以处在这些复合趋向动词之前、之中、之后,它们各自的条件都是什么。这个问题的解答需要采用分布描写的方法,同时也对语言教学有帮助。

6. 第七章至第九章。现代汉语中存在一些某些功能相近,但另一些功能却完全相对的副词,对它们在语义上的差异以及它们在句法分布上的差异的描写,是一个较为重要的内容,这三章选取的例子是"就"和"才"。国外曾经有几篇博士论文对此做过论述,但该部分所提供的是笔者建议的描写方式,也是笔者在本书中着力最多的部分,其分析过程和表述方法都可供读者借鉴。

很长时间以来,笔者都试图模仿经典物理学论文写作的模式来写语言研究的论文。除了笔者在 20 世纪 90 年代写过的词尾"了"和句尾"了"的两篇论文外,近些年笔者刻意模仿物理学研究模式的论文便是对汉语普通话中"就"和"才"的对比研究。由于这个问题较为复杂,所以我们分为三个单章,分别描写"就"和"才"如何通过句法分布手段表达主观量、"就"和"才"与句尾"了"的兼容性问题,以及这两个结构表达主观大量和小量的内部机理等问题。笔者强调,这一研究的价值不在于其结论,而在于其描写和证明过程。希望读者能关注我们对这两个副词的描写方法和证明过程。

7. 第十章。现代汉语中的形容词一直是学者们长期关注的问题,汉语到底有没有形容词?形容词直接作谓语有哪些条件?形容词作定语哪些要带"的",哪些不带"的",哪些可带可不带"的"?现代汉语的形容词的句法属性到底是怎样的?这需要通过较为严格的分布描写来观察。这一章是有关形容词作谓语要不要带程度副词,作定语要不要带"的"的研究,展示了现代汉语中的形容词的句法分布特征,同时也对使用"的"和"很"的规则提出了理论解释。

8. 第十一章至第十二章。汉语语法中时体标记"了"的语法化程度较高,对这个问题的研究汗牛充栋,但严格按照分布分析法进行程序性描写的案例并不多见,许多研究属于思辨方式的讨论,这两章提供的是依照较为严格的分布分析法进行操作分析的样本。该部分将对动词后"了$_1$"的分析和句尾"了$_3$"的分析分开描写。这里要说明一下,这两章所有讨论有关"了"的部分都处理为四种"了":"了$_1$"是一般动词后的"了";"了$_2$"是马希文(1983)讨论的北京话中的还没有完全虚化、表完结意义的/lou/;"了$_3$"即一般汉语教师或《现代汉语八百词》所说的句尾表示变化的"了";"了$_4$"为语气词"了"(如:"太远了"中的"了")。通过这一章的描写可以看出,汉语中的"了"与不同的动词行为类型(aktionsart)结合、与不同的论元成分结合表达不同的时体意义。这对留学生准确理解句子的时体意义有帮助。

9. 第十三章。在成对出现的句法组合中,"是……的"是很常见、使用频率极高的句法组合。这一样本也曾引起不少学者的关注。这一章对"是……的"在逻辑组合的可能性方面进行了穷尽式描写,试图揭示它们在句法上的各种逻辑可能的条件。

10. 第十四章。"句式"研究也是语法研究中的一个重要问题。句式的研究主要涉及两大基础问题:第一,该句式的整体句式意义(或该构式的构式义)是什么?第二,使用该句式的上下文条件是什么?汉语语法中最受人关注的莫过于所谓的"把字句"。这一章以典型的句式"把字句"为样本,分析该句式的内部结构,追究哪些成分之间的组合结构是合格的,哪些成分之间的组合是不合格的。通过这个样本的分析寻求一般句法结构的普遍规则。

11. 第十五章。结构主义语言学是一个"发现程序",可以通过对客观语言现象的描写发现现象背后的规则。但是描写的背后也有理论驱动。描写者在描写对象的过程中会无意识地受到某种理论假设的暗示,按照那种他本人不自觉的理论假设或框架对对象进行观察和描写。这样,由于理论假设或理论框架不同,很有可能所谓的"被发现的规则"就很不相同。这一章以汉语普通话中的"存现句"为例,展示和对比两种不同的理论视角对同一现象进行描写所得到的不同的规则,同时也比较这两种描写以及得到的结果之间的优劣。

以上11个语言样本分为14个章节来介绍("就"和"才"分为三个章节,"了"分为两个章节)。第十六章与陆丙甫先生合作完成,总结了语法描写中所有可能的逻辑组合问题。在任何科学研究中,遵循逻辑的研究不一定都是正确的,但不遵循逻辑的研究肯定是不正确的。在研究过程中逻辑不仅保证我们观察和描写的充分性,也保证我们在研究程序上的系统性和简洁性。这对任何研究来说在方法上都不能不重视。

本书的编排大致遵循从简单到复杂,从词汇到结构的基本原则,尽量将相关的问题编排在一起,以方便读者阅读参考。

每章最后提供了针对本章节描写方法而设计的思考练习题,供读者思考或训练,希望这个设计有助于提高读者对语言现象的描写实践能力。

人类语言的复杂程度不亚于生命现象和宇宙现象,人类对它的研究还仅仅是冰山一角,有太多太多的问题我们还未曾涉猎或仅仅了解了一点点皮毛。本书也仅仅是提供了一些最简单的语言观察和描写的较为可靠的方法,这些方法与现代科学的实验室方法基本一致。希望本书能为读者在语言研究中提供一点有益的帮助。

最后重申,本书的主要目的是介绍和展示语法描写的具体方法和过程,对本书而言,过程比结果更重要。

科学史学家认为,人类科学的建立需要两个必要条件,缺乏任何一个必要条件,科学都无法建立:一个是形式研究(如逻辑、数学),另一个是实验研究(包括实验程序、规则)。本书所介绍的内容也主要体现在对语法研究的逻辑和实验的方法。

是为序。

第一章 描写的基本原则

1 实验室原则

人类对语言的研究已经有上千年的历史,但语言学成为一门真正的科学,却只有200多年的历史。之所以说作为科学的语言学研究只有200多年的历史,是因为语言学研究发展到"历史比较语言学"才有了一套独立的并且具有"可操作、可验证"特征的方法,语言学作为一门科学也主要是从它的研究方法上来定义的。

历史比较语言学之后,语言学研究获得了飞速的发展,它基于"比较"的方法后来被美国结构主义语言学发展为一套发现程序(20世纪30年代,以布隆菲尔德为代表),成为人类语言学发展历史中具有标志性的研究方法,迄今为止它都是所有语言学家所必须掌握的基本方法,无论是在此之后发展起来的功能主义语言学还是形式主义语言学,还是近年来风生水起的认知语言学或语言类型学,以及其他林林总总的语言学分支理论和流派,他们所有的工作都是建立在可靠的分布描写的基础上的。可以说,没有分布描写,就没有现代语言学和当代语言学。作为一名语言学家,无论他是形式学派的学者还是功能学派的学者,或者是语言类型学家,对语言现象的描写,都是他们的基本功。很难想象一位成功的语言学家竟然不会描写语言现象。

纵观语言学研究的发展我们会发现,语言研究方法的革新与自然科学研究方法的发展基本同步。客观地说,语言研究方法的发展受到自然科学研究方法的影响。20世纪初西方化学和物理学的研究建立了一套严格的实验室研究原则,从而使化学和物理学得到了迅速的发展。语言学中分布描写的方法本质上与化学和物理学的实验室方法基本相同。语言分布描写中的"最小对立对"(minimal pair)原则便是自然科学中的实验室方法在语言学中的应用。"最小对立对"的基本原则大意是,在其他成分都不变的条件下,每次只允许其中一个成分变化,根据其前后变化判断起作用的因素。

我们将"最小对立对"的基本原则表述为一套实验室的原则和方法,如下:

确定并认证某个常量,在此基础上逐一加入或改变或删除不同的变量,每加入或改变或删除一个变量必须观察:加入或改变或删除变量前后是否有变化,假定加入或改变或删除的变量不改变原结构的功能或性质,可以认为该变量与原结构和谐,该变量基本不起本质性作用(或许会有辅助作用);假定加入或改变或删除的变量引起整体结构发生变异,那有两种可能:(1)该变异是由所加入或改变或删除的变量引起的;(2)该变异是所加入或改变或删除的变量与原有的常量共同引起的。

确定是否为(1)的条件是:该变量跟任一其他不同常量产生相同的变异(从研究的简便性考虑,可以确定该变异是所加入或改变或删除的变量的功能);确定是否为(2)的条件是:该变量仅仅跟某一特定的常量产生变异,而不跟其他任何常量产生变异。(金立鑫,2004,2007)例如下面的例子:

(1) a * 新来内科大夫　　　　b 新来的内科大夫
(2) a * 已经分手男朋友　　　b 已经分手的男朋友

以上例子可以看作一种"实验",根据上面的实验室原则可以确定,起作用的是结构中的"的",没有"的"的a类结构不合格,有"的"的b类结构都合格。a类和b类除了"的"以外,其他成分都相同。如果根据以上"实验"我们可以得出"动词短语作定语必须带'的'"的规则。如果"的"仅仅在这一类结构中起作用,那么我们可以认为它仅仅在动词短语作定语时才会有作用,即上面的"条件(1)"。但事实不是这样,请看:

(3) a * 明亮太阳　　　　　b 明亮的太阳
(4) a * 阴郁心情　　　　　b 阴郁的心情

"明亮"和"阴郁"都是形容词,即使是形容词作定语,上面的例子也需要"的"。但是,如果我们就此得出一条规则说"'的'不仅是动词短语作定语必需的,也是形容词短语作定语必需的",那就容易造成规则过宽的错误,因为下面的形容词作定语不需要"的",如:

(5) a 漂亮姑娘　　　　　b 漂亮的姑娘
(6) a 幸福生活　　　　　b 幸福的生活

显然,汉语中的"定+名"结构是否合格,不仅仅取决于是否用"的","的"并非独立起作用,它是与特定的成分相关联的,是以上实验原则中的条件(2)所说的,是"所加入或改变或删除的变量和原有的常量共同引起的"。那么哪些常量才与"的"共同作用决定结构是否合格,这是需要继续研究的。

为什么我们在研究中必须遵循"最小对立对"原则或"实验室原则"? 原因在于人类在对事物的认知能力上。迄今为止,人类在观察对象是否发生变化、是何种因素导致其发生变化时,每次都只能观察一个对象。在设定其他任何成分或其他任何因素都不变的条件下,观察与此相对的一个对象所发生的变化。如果我们同时加入或改变或删除两个成分,此时如果对象整体发生了变化,那么导致变化的因素究竟是两个成分中的哪一个,这是无法判断的。因此,唯有每次只允许一个成分的变动,我们才能确定所观察的对象是否起作用。

实验室原则是可操作的、可重复的。现代科学研究要求在方法上可操作、可重复。"可重复"还包括其结果可重复。现代科学史上,某些研究未能得到后来的研究者的重复,从而证明其研究无效,这样的报道并不鲜见。这也是科学研究能够有"自洁"功能的原因之一。

2 扩展的分布分析方法

美国结构主义语言学的分布分析主要用于结构内,无论是音位分析还是句法分析。在后来的研究中,学者们发现,某些结构内的成分之所以这样而不是那样,其制约因素不在该结构内部,而在其结构外部,或者某些成分之所以如此表现,推动它的因素在该结构外部。当出现这样的情况,传统的分布分析就很难观察到。因此,我们需要将观察范围扩展到所观察的成分所在结构的外部,扩展到与该结构平行的结构之间,在结构之间观察某些成分为什么如此表现。这种方法我们暂且称为扩展的分布分析方法。例如以往我们很难证明汉语中的"把字句""被字句"和普通的主动宾句在表达功能上有怎样的差别。例如:

(7) 张三骗了李四。
(8) 张三把李四骗了。
(9) 李四被张三骗了。

过去学者们仅仅指出它们在句法配置上的差别。这种差别其实不需要语言学家来指出,小学生也知道它们在句法上的不同。这不是专业性的解释。也有语言学家指出其中的"把字句"表达"处置"的意义(所以也叫"处置式")。根据我们的标准,这种解释是无效的。因为它没有给出证明(关于证明过程必须是可见的,请参见本章第 3 节),是学者凭着自己的语感或内省的方式得到的。如果说(8)是处置,那为什么(7)不是处置?(7)中的"张三"不是对"李四"有了某种处置?靠语感或内省来做语言学的研究,不是科学的方法。科学研究讲究的是证明过程。一切结论都必须建立在合乎逻辑的证明的基础上。张伯江先生用了扩展的方法来证明(7)和(8)是不同的。例如：

(10) 张三骗了李四，但是李四没上当。

(11) 张三把李四骗了，*但是李四没上当。

(10)可以有后续句，但是(11)不能有同样的后续句。这说明(10)中"张三"的行为并没有得到预计的结果，而(11)中的"把字句"表达了已经得到预计的结果。这便是主动宾句和"把字句"之间的差别之一。在我们看来，这其实也是"已然体"(emerged)和"完整体"(perfective)的区别。

但是如果说"把字句"的主要功能就是表达"已经得到结果"，我们肯定是无法接受的，因为我们看到(9)"被字句"有同样的功能，例如：

(12) 李四被张三骗了，*但是李四没上当。

那么"把字句"和"被字句"之间的差别在哪里？请看下面扩展分布的实验。先看这几个例子：

(13) 张三把山上滚下来的石头搬开了。

(14) 山上滚下来的石头被张三搬开了。

命题句"张三搬开了山上滚下来的石头"用"把字句"和"被字句"都能说。我们无法观察到它们的区别。

同样，我们用"山上滚下来的石头砸死了张三"作为命题句，分别用"把字句"和"被字句"来表达，似乎也没有任何问题，例如：

(15) 张三被山上滚下来的石头砸死了。

(16) 山上滚下来的石头把张三砸死了。

现在我们用扩展分布的方法来观察，看看它们是否有相同的条件限制：

(17) 张三走到这儿,把山上滚下来的石头搬开了。

(18) 张三走到这儿,＊山上滚下来的石头被张三搬开了。

在以"搬开"为动词词组的句子中,在这里只能选择"把字句"。

(19) 张三走到这儿,被山上滚下来的石头砸死了。

(20) 张三走到这儿,＊山上滚下来的石头把张三砸死了。

在以"砸死"为动词词组的句子中,这里只能选择"被字句"。

显然,无论是"把字句"还是"被字句",单独看都没有问题,但是一进入语境就要受到语境的选择。不同的"把字句"或不同的"被字句"对应于不同的语境。当然它们不仅仅有对语境选择的差别,也有生命度上的差别。一般情况下,"把字句"和"被字句"的主语都要求生命度高的名词,而生命度较低的名词不太容易被接受。我们再看一个例子:

(21) 我有一个很漂亮的朋友。

如果单独看这个结构,没有任何问题。但是如果把这个结构放在下面的语境中:

(22) ？我有一个很漂亮的朋友,她无论走到哪儿,都是人们关注的焦点。①

例(22)是不是感觉很别扭？这个例子告诉我们,任何句法结构,若不在更大的分布中,我们就无法判断其结构是否合理,犹如我们孤立地看一个词,无法判断其语义或结构价值,唯有在分布中我们才能作出判断。同样地,一个小句(或结构)我们也只能在更大的分布中考察其结构功能。如果我们将(22)换成(23):

(23) 我有一个朋友很漂亮,她无论走到哪儿,都是人们关注的焦点。

---

① 这个例子是韩国启明大学孔子学院中方院长魏义祯老师提供的。

句子立刻就顺了。这告诉我们,在普通话中,前置定语对核心名词虽然也有述谓功能,但是这个述谓功能与其后置相比,述谓的凸显度截然不同。"很漂亮"作为一个后置的关系小句定语(一般教科书处理为谓语,这个问题需要另外讨论),由于它的高述谓性,其后续句才有可能以其为信息焦点进行陈述。而"很漂亮"在(22)中作为前置关系小句定语,其述谓的凸显度不如(23)的后置。因此(22)感觉别扭,而(23)感觉自然。

扩展的分布分析很像几何学中的添加辅助线或延长线。当我们孤立地看待某一对象无法观察到其隐藏的属性时,我们不妨通过延长线段,或者通过添加辅助线的方式,将该线段的性质凸现出来。扩展分布分析中的添加前句或后句的方式与此类似。

3 证明过程透明可见,符合逻辑

任何科学研究的过程都是可以观察到的。例如,某项研究工作的步骤是如何一步步进行的,每一步之间的关系都必须清晰可见。与此相反,只有非科学的"研究"其过程才是不可见的,或者其过程是不合逻辑的。

在科学研究中,过程比结论更重要。这是因为人们认识某些结论是否正确通常依据自己的经验,而这种经验很可能是错误的。例如,经验或许告诉我们太阳从东边出来,让我们自然理解为太阳围绕地球转。其实这个结论是靠不住的,而过程是否符合逻辑却更重要。虽然我们说,在某些条件限制下,过程正确,而结论不一定正确(因为某些条件的限制,我们无法观察到更多的现象),但如果过程是错误的,那么结论必然是错误的。我们来看下面一个证明过程:

(24) 大前提:铜是金属
　　　小前提:铜是导电体
　　　结论:所以金属是导电体

在这个证明过程中,虽然作为大前提和小前提的命题本身都正确,并且结论也是正确的,但是它的证明过程是错误的,或者作为一个推理过程,其整体是错误的。如果这个推论能够成立,被我们接受,那么下面相同的推论也应该成立:

(25) 大前提:阿 Q 是中国人
    小前提:阿 Q 是癞痢头
    结论:所以中国人是癞痢头

(25)的逻辑和(24)的逻辑完全相同。如果你接受了(24)的逻辑,就必须接受(25)的逻辑。但很明显,任何人都无法接受(25)。那为什么有人会接受(24)的逻辑呢?那是因为它的"结论是正确的"误导了他。下面我们来分析,为什么(24)的证明过程是错误的。

我们先来看大前提:铜是金属。我们可以用逻辑学中的文氏图来表示"铜"和"金属"之间的逻辑关系,见图 1-1:

图 1-1

这个图形可以用来表达"铜是金属"这个命题,甚至可以说"所有的铜都是金属",也完全符合这个图形所表示的"铜"和"金属"这两个概念之间在外延上的关系。现在我们在这个图形的基础上添加第二个命题"铜是导电体"。那么图形可以如图 1-2:

图 1-2

该图形满足"铜是导电体"的命题要求。但是这个图形显然无法满足"金属是导电体"这个结论的要求。因此,这个推理过程是不能接受的。

(25)的荒谬实际上是建立在下面图形的推理基础上的,如图1-3:

图 1-3

而事实上,应该如图 1-4:

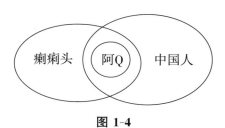

图 1-4

由上可知,我们无法从中得到"金属是导电体"的结论,因此也无法得到"中国人是癞痢头"的结论。

以上两个推理证明的错误关键在于,大前提的命题中的后项"金属"和"中国人"都是不周延的概念(在该命题中,它们在外延上不是所有成员,仅仅是这个概念中的部分成员。比如"铜是金属"中的"金属"在概念的外延上限定于部分金属。即铜是部分金属,而非全部金属),而在结论中,它们都周延了。这样,在前提中一个不周延的概念,在结论中偷偷变成了周延的概念,正是这个程序上的错误导致了该推理过程的不合法。这与这一推理过程中每一个具体的命题是否正确无关,而与这三组命题是否能按此顺序(程序)构成一个合格的推理过程有关。换言之,该错误是由推理过程导致的,而不是其中的每一个命题的问题。

因此我们说,(24)和(25)是不能接受的,正是因为它们的证明过程错了。尽管(24)的结论是正确的,但我们依然不能接受。这便是坚持过程比结论更重要的意义。

陆俭明先生也举过一个证明"结论正确、过程错误是不能接受"的例子(这是陆俭明先生在与笔者交流时提出的),例如:$3+7\times1=10$ 有两种运算计算方法,一种是先乘后加,一种是先加后乘。结果都等于 10,但后一种是错误的。任何数学老师都会判定后一种运算过程是错误的。道理完全相同。

上面我们所举的例子的证明过程都是可以观察到的,我们反复强调的是,过程的正确性要比结论正确更重要。唯有保证过程的正确性,我们才能判断结论是否能接受。由此,我们强调语言研究的过程也必须是透明的、可观察的。否则类似的研究就值得怀疑。

然而令人遗憾的是,不少学者至今为止对语言研究还有不少误解。其中最严重的误解是把语言学当作文学一类的人文学科来对待,用文学甚至文艺学中作者主观感受或体验的方法来阐述他们对语言的感受,用这种感受来代替对语言的研究。我们经常见到的现象是某些学者或某些论文在对某些语言现象进行分析时,更多地依赖于作者个人的内省方式,而不是有步骤地、可见地逐步分析和推导。在这些学者的笔下,某些结论是如何而来的,是如何得到的,读者不得而知。这些结论似乎是作者的内心体验或冥想。或许这些内心体验或冥想的结果很符合我们的语感,我们从经验上甚至能够接受这样的结论[犹如例(24)那样],但是我们不得不很遗憾地说,这样的"研究方式"不属于科学。

此外,我们还要强调的是,语言研究中形式比内容更重要。有学者曾专文讨论过这个问题(吴道平,2012)。几乎所有人都知道,钻石和石墨的成分完全相同,但二者具有如此大的差别,原因就在于构成它们的成分的排列形式不同。排列是一种典型的形式。它相当于句法学中的语序。语序是人类语言中最重要的形式。例如汉语中的"张三批评了李四"可以变换为"李四批评了张三",这两句话所使用的词语都是一样的,但是由于句子语序的形式变了,意义也就完全不同了。曾经有学者举过英语中的例子,这么几个词my, wife, has, a, new, dog,可以组成四个意思完全不同的句子:My wife has a new dog; My new wife has a dog; My dog has a new wife; My new dog has a wife。这也是成分相同但形式不同,而整体意义不同的例子,同样可以说明形式比内容更重要,尤其是在句法学中。句法学本质上就是形式科学。我们描写任何语法现象,到最后都要抽象出它的形式特征。只有抽象出了它的形式特征,句法学也才有价值。

我们还要强调的是,描写还需要满足"穷尽所有的逻辑可能"的要求。

当我们面对单个研究对象时,在句法研究中,逻辑上该对象至少有三种句法分布上的可能:

1) 在特定结构中,X 必须出现,否则结构不合法;
2) 在特定结构中,X 必须不出现,否则结构不合法;
3) 在特定结构中,X 可出现可不出现,是自由的。

这三种可能性的"特定结构"就是一种条件或规则。句法研究要寻求的就是这种规则。

当我们面对一个组合现象时,情况或许就会变得复杂一些,例如,我们在研究"X……Y"这种结构时,需要穷尽以下可能:

1) X 必然出现,Y 必然出现
2) X 必然出现,Y 可能出现

3）X 必然出现，Y 必不出现

4）X 必不出现，Y 必然出现

5）X 必不出现，Y 可能出现

6）X 必不出现，Y 必不出现

7）X 可能出现，Y 必然出现

8）X 可能出现，Y 可能出现

9）X 可能出现，Y 必不出现

当然，其中有些组合在语言中存在，而有些组合在语言中并不存在。为何不存在，这也需要语言学作出解释。

观察两个配对成分 X 和 Y 时，X 和 Y 之间还可能存在比较简单的相容析取的关系，例如，可以存在"有 X 有 Y，有 X 无 Y，无 X 有 Y"，但是没有"无 X 无 Y"的配对。二者间也可能是不相容的配对关系，X 和 Y 只能出现其中一个，两个同时出现或同时不出现都不被允许。

另外，X 和 Y 之间还可能存在一种充分条件关系，如：只要 X 出现，Y 必然出现；X 不出现，Y 出现还是不出现是自由的；但绝不允许 X 出现而 Y 不出现。

此外，描写过程和方法尽量简单、干净，例句编排尽量整齐、对应，删除掉可有可无、可能干扰观察视线的成分。

具体的描写方法，主要是：

1）替换

2）扩展（结构内扩展，结构外扩展）

3）插入

4）删除

5）变换

6）分解

提高描写效率的方法主要有：坐标法、定位法。

描写结果的表达方法主要有:矩阵或特征表、逻辑排列、句法框架或句法槽。

以上有关描写方法的内容我们在《语言研究方法导论》(金立鑫,2007)的第九章中都有较为详细的介绍,本书在此不再重复,有兴趣的读者可以参考该书。

本书以下从第二章开始一直到第十五章共11个样本的描写,其过程都尽量避免作者的内省(因为所有人的内省都可能各不相同,无法重复),描写过程都是透明、可观察的,因此作为"样本"提出来供读者参考。

最后,我们强调,科学研究的基本精神是:忠于事实,根据事实提出理论或假设。任何学者,可以不必向任何权威或理论低头,但是必须向事实低头。

思考与练习

1. 名词解释

1)最小对立对;2)扩展分布分析法;3)科学研究基本精神

2. 思考题

1)请简单叙述实验室方法的操作要求,并回答语言研究要采用实验室方法的必要性。

2)请举例说明提出扩展分布分析是为了解决什么问题。

3)请举例说明研究步骤或过程为什么必须能够清晰观察到。

第二章 近义实词的描写[①]
——以"知道""认识""了解"的分析为例

0 引言

任何语言中都有大量意义相近的实词(同义词、近义词)。理论上完全相同的"同义词"是不存在的。根据经济性原则,语言系统中没有必要存在两个意义或用法完全相同的词。因此,即使是外延几乎完全相同的词,它们在某些功能方面依然有着不同之处。因此,分析和挖掘这些不同之处就是辨析同义词或近义词的主要工作。以往对同义词或近义词的区别主要是通过定义来实现的。本章将通过"知道""认识""了解"这三个常用动词的句法分布来展示这三个动词在语义和用法上的区别。

《现代汉语词典》(以下简称《现汉》)对这三个动词的解释分别是:

> 知道:对于事实或道理有认识;懂得。(《现汉》2005:1745)
>
> 认识:能够确定某一人或事物是这个人或事物而不是别的;指人的头脑对客观世界的反映。(《现汉》2005:1150)
>
> 了解:知道得清楚;打听;调查。(《现汉》2005:857)

以上都是定义性的解释,但这些解释都没有抓住这些词的核

[①] 本章与邵菁老师合作完成。

心含义,而且这种词典性质的解释在教学上很难发挥作用,如果给学生讲解这些,学生依旧无法理解。我们曾经简单地展示过这三个词的具体用法(邵菁,金立鑫,2007:68)。

下面我们通过扩展分布的方法来考察这三个词的核心意义,以显示这三个动词由于其核心意义的不同,反映在句法组合上的差异。

1 典型用例及句法分布

这三个动词可能涉及两类宾语:指人宾语或指物宾语,据此,这三个动词的典型句法组合可归纳如下:

宾语为"人":

(1) a 我知道比尔·盖茨。
    b 我认识比尔·盖茨。
    c 我了解比尔·盖茨。

宾语为"处所":

(2) a 我知道上海的甜爱路。
    b 我认识上海的甜爱路。
    c 我了解上海的甜爱路。

以上三个动词在宾语为"人"和"处所"时,其句法分布无差异。将宾语设定为抽象的对象,差异出现了:

(3) a 我知道这件事情。
    b * 我认识这件事情。
    c 我了解这件事情。
(4) a 我知道这个道理。
    b * 我认识这个道理。
    c 我了解这个道理。

从以上句法组合来看,"知道""了解"的宾语可以是人也可以是处所,也可以是抽象事物。但是"认识"的宾语不能为抽象对象[①]。这可以看作是这三个动词在宾语组合上的差别,但这种差别还不足以反映这三个动词在语义上的差异。我们需要更进一步的句法操作,以更明显、更清晰地反映三者之间在语义上的区别。

2　扩展分布考察

所谓"扩展分布"主要是指通过给例句添加适当的上下文,以显示例句中某些成分所隐含的属性。事实证明,这是一种相当有效的方法。例如,这三个词在语义上的差别可以通过以下的扩展分布来观察。

我们在这两类句子后面添加后续句,考察它们分别能够接受哪些后续句,不能接受哪些后续句,由此定位它们的句法和语义功能。

先看"知道":

(5) a 我知道比尔·盖茨,我认识他。
　　b 我知道比尔·盖茨,但我不认识他。
　　c 我知道比尔·盖茨,我了解他。
　　d 我知道比尔·盖茨,但我不了解他。

这一组例子告诉我们,知道的不一定认识,也不一定了解。
再看"认识":

(6) a 我认识比尔·盖茨,我了解他。
　　b 我认识比尔·盖茨,但我不了解他。
　　c 我认识比尔·盖茨,我知道他。

---

① "认识到"是另一个问题。"认识自己的错误"不说,但是"认识到自己的错误"能说。可见"认识"和"认识到"并不相同。

d ＊我认识比尔·盖茨,但我不知道他。

这一组例子告诉我们,认识的不一定了解,但认识的一定知道。

最后再看"了解":

(7) a 我了解比尔·盖茨,我知道他。

b ＊我了解比尔·盖茨,我不知道他。

c 我了解比尔·盖茨,我认识他。

d ?我了解比尔·盖茨,我不认识他。

如果"认识"取"识别"的意思,那么"了解"的一定能识别,如果"认识"作为一种社交现象,通常作"互相熟识"的解读,那么"了解"的不一定熟识。这一组例子告诉我们,了解的一定知道,了解的一定识别,但不一定熟识。相反的情况不存在:了解却不知道,了解却不能识别。因此(7d)有两个选择,如果作为"互相熟识"的"认识"(7d)可以成立。

由上例可知,"了解"蕴含"认识","认识"蕴含"知道",当然"了解"也就连续蕴含"认识"和"知道"。即:凡"了解"的一定"认识",凡"认识"的一定"知道",相反则不一定。

我们再看这三个动词与事物宾语的组合。

先看"知道":

(8) a 我知道上海的甜爱路,我认识甜爱路。

b 我知道上海的甜爱路,但我不认识甜爱路。

c 我知道上海的甜爱路,我了解甜爱路。

d 我知道上海的甜爱路,但我不了解甜爱路。

分布与(5)完全相同,知道的不一定认识,也不一定了解。

再看"认识":

(9) a 我认识上海的甜爱路,我了解甜爱路。

　　　　b 我认识上海的甜爱路，但我不了解甜爱路。
　　　　c 我认识上海的甜爱路，我知道甜爱路。
　　　　d＊我认识上海的甜爱路，但我不知道甜爱路。

分布与(6)完全相同，认识的不一定了解，但认识的一定知道。
最后再看"了解"：

(10) a 我了解上海的甜爱路，我知道甜爱路。
　　　　b＊我了解上海的甜爱路，我不知道甜爱路。
　　　　c 我了解上海的甜爱路，我认识甜爱路。
　　　　d? 我了解上海的甜爱路，但我不认识甜爱路。

分布于与(7)完全相同，了解的一定知道，也一定能识别，但不一定能"认得路"。

以上是将这三个动词分别与指人和指物的两种不同宾语进行句法组合得到的结果，我们可以发现，这三个动词分别与两种不同宾语进行组合所得到的结果完全一致："了解"蕴含"识别"，"识别"蕴含"知道"，"了解"连续蕴含"识别"和"知道"。

在现实生活中，极少认识某人或某物而不知道某人或某物的，同理，极少了解某人或某物而不能识别或不知道某人或某物的。

根据以上扩展分布的考察，我们推断"知道"与"了解"在与抽象宾语组合时同样具有这种蕴含关系。以下证明该推断：

先看"知道"和"了解"与宾语"这件事情"的句法组合：

(11) a 我知道这件事情，我了解这件事情。
　　　　b 我知道这件事情，但我不了解这件事情。
(12) a 我了解这件事情，我知道这件事情。
　　　　b＊我了解这件事情，但我不知道这件事情。

再看"知道"和"了解"与宾语"这个道理"的句法组合：

(13) a 我知道这个道理，我了解这个道理。

b 我知道这个道理,但我不了解这个道理。

(14) a 我了解这个道理,我知道这个道理。

b*我了解这个道理,但我不知道这个道理。

(11)与(13)完全平行,(12)与(14)完全平行,二者的分布完全相同。可见,"了解"蕴含"知道",即,凡"了解"某对象的,一定"知道"该对象,而"知道"的则不一定"了解"。

3 结论

"知道""认识""了解"实际上是对事物认识的三个等级,"知道"最低,其次是"认识","了解"最高。凡"了解"的一定"识别"(但不一定相互熟识)或"知道",凡"认识"的一定"知道"但不一定"了解",凡"知道"的则不一定"认识"或"了解"。如图 2-1 所示:

图 2-1

以上实线是必然蕴含关系,虚线是或然蕴含关系。

但是要注意的是,对于"人"或"处所"都可以与这三个动词组合,但当宾语为抽象事物名词时,没有"认识+抽象名词"的句法组合。因此,"认识"只用于对具体对象的认知,而"知道"和"了解"可以用于抽象事物的认知。

思考与练习

1. 名词解释

1)语言的经济性原则;2)蕴含关系;3)近义词

2. 练习题

请用分布分析法描写下列词语的句法分布特征,并指出二者之间语义、语用等方面的差别。

(1) 时候、时间
(2) 期限、时限
(3) 选举、推选
(4) 古怪、奇怪
(5) 漂亮、美丽

第三章 近义介词的描写
——以"对"和"对于"为例

0 引言

　　这里描写现代汉语介词中的"对"和"对于"在句法分布上的异同,揭示其相同分布的条件和互补分布的条件。

　　《现代汉语八百词》(1980:157,158)在比较这两个词的异同时说:"表示人与人之间的关系,只能用'对','对……'可用在助动词、副词的前或后,也可用在主语前(有停顿),意思相同。'对于……'不能用在助动词、副词之后,只能用在另两个位置。"根据我们的观察,"对于"也能用于人与人之间的关系,并非"只能用'对'",但位置有限制;而且说它们"意思相同"也不准确。

　　曹文抗(2007)也曾经对这两个词做了描写,但其基本意思与《现代汉语八百词》相同。

1 分布描写

1.1 紧靠主语前后的相同分布

请看下面例子:

(1) 我们对任何问题都要做具体分析。→ 对任何问题我们都要做具体分析。

(2) 我们对于任何问题都要做具体分析。→ 对于任何问题我们都要做具体分析。

1.2 紧靠主语前后的不同分布

请看下面例子：

(3) 对老张，我们要做具体分析。→ 我们对老张要做具体分析。

(4) 对于老张，我们要做具体分析。→ ＊我们对于老张要做具体分析。

从1.1和1.2的区别来看，1.2中介词的宾语为"人"类范畴，而1.1则为"事物"范畴。是否可以认为：如果介词宾语为事物范畴，"对"和"对于"在紧靠主语前或紧靠主语之后的位置是自由的。即，两种句式均可成立。而当介词宾语为"人"类范畴，则"对于"只能处于主语之前，不能处在主语之后。假定这是一条规则，则我们可以接受下面的(5)(6)而不能接受(7)(8)：

(5) 对于张三，你要多加关照。
(6) 对于那个人，你要多多关心。
(7) 你对（＊于）张三要多加关照。
(8) 你对（＊于）此人要多多关心。

而"对"的位置则是自由的，见以上例句(3)以及(7)(8)。

1.3 助动词后的分布

请看下列例句：

(9) 我会（将/要）对这个问题提出看法。
(10) 我会（将/要）对老张提出看法。
(11) ＊我会（将/要）对于这个问题提出看法。

（12）＊我会（将/要）对于老张提出看法。

从以上例子来看，"对"在助动词后是自由的，而"对于"不能处在助动词之后。

1.4　否定词后的分布

请看下列例句：

（13）我不（没）对这个问题提出看法。
（14）我不（没）对老张提出看法。
（15）＊我不（没）对于这个问题提出看法。
（16）＊我不（没）对于老张提出看法。

在否定词之后，"对"是自由的，而"对于"是非法的。

2　句法分布上的异同

表 3-1

	主语前	主语后	助动词后	否定词后
对	＋	＋	＋	＋
对于	＋	对事（低生命度）＋ 对人（高生命度）－	－	－

表 3-1 用文字表达为："对"在主语前后以及助动词后、否定词后对人、对事（生命度高或低）都是自由的。而"对于"在主语后只能对事，不能对人（只能对低生命度名词，不能对高生命度名词）；在主语前无论是高生命度还是低生命度的名词都是自由的；但是"对于"在助动词后或否定词后都是不被允许的。

3 语义差异

前提1：不同的语法形式表现不同的语法意义，语法位置是汉语语法中重要的语法形式。

推论1：汉语语法中语法位置的差别必然表现语法意义的差别。

推论2："对"和"对于"明显存在语法位置上的差别，那么其背后必然存在语法意义上的差别。

以下我们设计一个"请"开头的祈使结构，"请"具有动词性质，因此它要求后面的成分必须在命题之内，命题之外的成分很难纳入它后面的位置。假如这个推论正确，那么请看下面的例子：

(17) 请对这个问题提出你的看法。

(18) 请对这个人提出你的看法。

(19) 对这个问题，请提出你的看法。

(20) 对这个人，请提出你的看法。

(21) *请对于这个问题提出你的看法。

(22) *请对于这个人提出你的看法。

(23) 对于这个问题，请提出你的看法。

(24) 对于这个人，请提出你的看法。

如果把以上"请提出你的看法"看作一个完整的命题，那么很明显的事实是："对"无论是在命题内部还是在命题外部都是自由的，而"对于"不能处在命题结构内部，它似乎游离于命题之外，更像一个命题之外的话题成分，或者它本来就处在主语之前。

我们可以假设，结构内的短语成分可以向结构外移动，相反的情况很少见。在右分枝结构的语言中，绝大部分的移动都是从后向前的移动，也就是从右向左的移动，而左分枝的语言结构中，句法成分的移动主要是从前向后的移动。总的原则是从低向高的移动。

"对于"短语作为述题结构外的成分,要向述题结构内移动是不被允许的。正因为如此,"对于"短语更倾向于表达话题,比较难于处在主语之后。

前提2:话题之后的陈述部分可以由一个主谓结构构成,其主语和动词之间存在严格的语义选择关系。我们通过下面的句法操作来证明:

(25)老李,老张觉得不错。

(26)老张,老李觉得不错。

(25)"觉得不错"的施事只能是"老张"而不可能是"老李",(26)则刚好相反。

前提3:主语之后的事物性成分不影响主语与动词的选择关系,不改变句子的叙述关系。可以证明如下:

(27)老张,这件事儿觉得不错。

(28)老李,这件事儿做完了。

(27)中的"觉得不错"的依旧是"老张",(28)中"做完了"的施事还是"老李"。因此,事物性成分不改变句子的叙述关系。

根据前提2和前提3,我们推论:如果"对"或"对于"引导的名词可能改变句子叙述关系,引起混乱,则结构不允许。若不改变结构关系则允许。例如:

(29)老李对老张感觉很不错。

这里的"感觉很不错"是"老李"对"老张"的态度。"感觉很不错"叙述的是"老李"。而"对于"则有可能改变句子内部叙述关系,请看下面的例证:

(30) *老李对于老张感觉很不错。

例(30)的谓语"感觉很不错"到底指向"老张"还是"老李"似乎有些混乱。这样的结构不容易被接受。

4 小结

无论是介绍高生命度的还是低生命度的名词("人物"或"事物"),"对"在主语前后以及在否定词和助动词后都是自由的,它不改变主语与动词之间的选择关系,其语法意义在于向动词引介"对象"。"对于"在主语后只能引介无生命度的"事物",在主语之前可以引介"人物"或"事物",即高低生命度的名词短语,语法意义上,"对于"倾向于表达对象性话题。

"对"和"对于"还有一些其他方面的差异,读者可以用以上的方法继续扩展描写和分析,使得这两个词的语义和用法的差异得到更为全面的展现。

思考与练习

1. 名词解释

1)语法形式;2)左/右分枝结构语言;3)生命度

2. 练习题

1)请根据汉语介词的句法功能(介词所带宾语的不同)给汉语介词分类。

2)请举例说明介词与其他有关成分构成介词短语之后,可以出现在句子中的哪些句法位置上。

3)请用分布分析法描写"关于"和"对于"在句法分布和语义等

意义上的差别。

4) 请用分布分析法描写介词"跟"与连词"跟"的差别,并证明为什么这种用法是介词,而那种用法是连词。

5) 请用分布分析法描写"自从"和"自"在句法分布和语义等意义上的差别。

6) 请用分布分析法描写"根据"和"按照"的句法差异,并回答这些句法差异与意义或语用上是否存在对应关系。

第四章 "不相容选择"对象的描写
——以"没"与"了"共现的句法条件为例

0 引言

所谓"不相容选择"是指这样一种现象：当成分 A 出现时，成分 B 绝对不能出现，反过来，成分 B 出现时，成分 A 也绝对不能出现。即二者的分布是互斥的，只能二选一。但是有时候我们会发现，在一般情况下，原本两个不相容选择的项目却同时出现了，那么这种现象就构成所谓的"反例"。我们常说，所有的现象背后都是有规则的，所有的规则都是有例外的，所有的例外都是可以解释的（有动因的）。这一章我们用"没"和句尾"了"为例来描写它们的反常搭配。

现代汉语中一般认为，"没"是否定实现意义的副词，而"了"是表示实现意义的时体标记，因此，这两个词理论上不可以在一个句子中同现。因为一个人不能在表示一个事件发生或存在的同时，又否定它发生或存在。因此否定词"没"和"了"是相互冲突的（"没"后不是表达事件的动词短语，而是名词短语，表示失去意义的除外，如"他没工作了""我没钱了"），例如：

(1) ＊他没吃饭了。
(2) ＊老张没读书了。
(3) ＊李四没看电影了。
(4) ＊老王没写论文了。

第四章 "不相容选择"对象的描写

有一位叫"木聿"的网友在北京大学中文系的论坛上提了一个问题,如下:

> 吕叔湘先生主编的《现代汉语八百词》(以下简称《八百词》)在讨论"与'了'有关的否定式和疑问式"时有这样一条(P.320):
>
> 另一种既有"没"又有"了"的句子是先有"没+动",后有"了$_3$"①。
>
> 好些天没见到张老师~
>
> 《八百词》所说的"先有'没+动',后有'了$_3$'"不知该如何解释?因为一般来说如果动词前面用"没(有)"表示否定意义时,后面不用"了$_3$",如:
>
> 我昨天买书了。——我昨天没买书。
>
> 我已经通过考试了。——我没通过考试。

上面这个帖子把《八百词》中所列举的"没"和"了"可以共现的句子提出来,要求解释。也包括下面的句子:

(5)他三天没吃饭了。
(6)老张很长时间没有读书了。
(7)李四几年没看电影了。
(8)老王不知道有多少时间没写论文了。

但是《八百词》的意思是,出现这种情况,在结构上是先有"没+动",后有"了$_3$"。我们试图对这一问题重新解释。此外,我们还将提出另一种"没"和"了"共现的句子:

(9)他没忘了你的事儿,都给办了。

---

① 原文使用的是"了$_2$",但本书所有讨论有关"了"的部分都处理为四种"了":"了$_1$"是一般动词后的"了";"了$_2$"是马希文(1983)讨论的北京话中的还没有完全虚化表完结意义的/lou/;"了$_3$"即一般汉语教师或《现代汉语八百词》所说的句尾表示变化的"了";"了$_4$"为语气词,如"太远了"中的"了"。

(10) 他留下的东西我没扔了,都留着呢。

对这一类句子我们也将给出句法上的解释。最后我们也将对句尾使用"了"和句尾使用"的"的现象作出描写和分析。

1 时量成分的作用

本节证明构成(5)—(8)这一类句子的"没"与"了"能够在一个句子中共现的必要条件是时量成分,证明过程如下:

Ⅰ 观察对象:

(11) 好些天没见到张老师了。

Ⅱ 根据**删除法**,删去可能起作用的因素时量成分"好些天"得到如下句子:

(12) *没见到张老师了。

Ⅲ 根据**转换法**,将可能起作用的时量因素转移到其他位置,看看其是否起作用:

(13) 好些天了。
(14) 没见到张老师好些天了。
(15) 好些天了,没见到张老师。

Ⅳ 根据上面的分析可以得出结论1)的假设:"好些天没见到张老师了"的**语义命题结构**为:

(16) 好些天了 ＋ 没见到张老师

这个句子的**句法内部结构层次**为:

(17) 好些天［没见到张老师］了。

Ⅴ 根据**替换法**,将该因素替换为相近一类的因素(时间词):

(18) ＊前天没见到张老师了。
(19) ＊几天以前没见到张老师了。
(20) ＊上个星期没看电影了。
(21) ＊去年没写文章了。

比较"好些天"和"前天""几天以前""上个星期""去年"的差别，得出：前者为时量单位，后者为时位单位。由此得出作为结论2)的假设："没"和"了"共现的条件是时量单位。

Ⅵ 根据**扩展法**，将该因素作为从属成分扩展得：

(22) ＊好些天以前没见到张老师了。

虽然该结构中有了时间量，但是结构还是不合格，究其原因是因为时间量与"了"不在同一结构层次上，"好些天"与"以前"构成时位成分，失去与句尾"了"处于同一层次的地位，由此得出结论3)的假设：时间量必须与"了"处于同一结构层次，这一结构才能成立。

Ⅶ 验证上面的假设：

(23) 三天（没见张老师）了。
(24) 一年多（没见张老师）了。
(25) 几个星期（没见张老师）了。

……

Ⅷ 证毕。

以上的证明可得出结论，时位不起作用，只有时量才起作用。也就是说，只有时量成分才能够让"没"和"了"共现。可是接下来的问题是，为什么时量成分能够让"没"和"了"共现而其他成分却不行呢？我们需要对这个问题做进一步的解释。

2 "时量成分+了"+"没VP"

这个问题涉及句尾"了"的功能或性质。句尾"了"有两个:一个是语气词,跟时体没有关系,删除它不会引起时体的变化,或者引起的不是时体的变化而是句子语气类型的变化,如"太贵了""饿死了"。第二个是动词处在句尾位置后面紧跟"了"结尾的形式,这种结构形式有歧义,歧义一是句尾"了",歧义二是词尾"了"和句尾"了"的叠加(金立鑫,2003)。如"我吃了",这个句子一个意思是"我吃过了",另一个意思是"我开始吃"(详见本书第十二章)。这个表示"起始"意义的句尾"了"是下面要着重讨论的,以下我们所讨论的都是这个意义上的"了"。

我们如果对其进行命题分解的操作或许能看得更清楚,先看例句:

老张很长时间没有读书了。

该例句可以做如下句法分解操作:

(26) 老张没有读书,很长时间了。
(27) 很长时间了,老张没有读书。
(28) *老张没有读书了,很长时间。
(29) *没有很长时间了,老张读书。

通过以上分解我们可以见到,"老张很长时间没有读书了"这个句子的命题结构是:

很长时间了 + 老张没有读书

也就是"时量+了"作为一个附加命题和主命题构成一个复合命题。根据句尾"了"表示"起始"的性质,以及"现时相关性"的性质(Li et al., 1982),我们就可以推定"时量+了"表达的是"从某个时间点开始直至'现在'"的意义。这里面包含两层意思:1)从某个时间点开始;2)一直到参照时间(通常为说话的"现在")。这是句尾"了"的最核心的意义。所谓句尾"了"的"新闻"性特征也是从"起始"和"现时相关性"推导而来的(其"新闻"性特征还可以通过与句尾"的"的对立得到证明,见下文)。现在我们通过"最小对立对"的实验方法来证明:

(30) a 三年　　　　b 三年了
(31) a 一个星期　　b 一个星期了
(32) a 五个月　　　b 五个月了
(33) a 很长时间　　b 很长时间了

所有的 b 类例子都表示从过去的某一个时间"开始"一直延续到"现在"的状态。我们把"时量＋了"看作"过去起始"的观点也可以从上面得到证明。现在看例(5)就可以明白,"他三天没吃饭了"表示的是:"他没吃饭"这个事件"从三天前开始一直延续到现在"。因此我们把"时量命题"和"主命题"的复合命题的句法结构描写为:

　　　　时量［没 VP］了

这也是我们不能接受像《八百词》那样把这一结构描写为"他三天没吃饭/了"的理由。在我们看来,该结构应该描写为:

　　　　他三天没吃饭　了

因此,时间量加上"了"所表示的命题可以与"没 VP"一起构成一个复合命题,表示这个"没 VP"的状态所经历的时间的长短。而时间点加上"了"所表示的命题却无法与"没 VP"构成复合命题,因为时间点加"了"通常表示"到达某一个时间点",例如:

(34) 三点了。
(35) 星期五了。
(36) 半夜了。

(37) 年底了。

这种时间点如果与"没 VP"构成复合命题,恐怕是我们所无法理解的,比较下列 a 和 b：

(38) a ＊三点没吃东西了。　　b 三个小时没吃东西了。
(39) a ＊星期五没看书了。　　b 五天没看书了。
(40) a ＊四月没洗澡了。　　　b 四个月没洗澡了。
(41) a ＊年底没写东西了。　　b 整整一年没写东西了。

我们把本研究讨论的问题描写为"时量［没 VP］了",实际上是遵循了人类语言在逻辑上的矛盾律：一个命题不能在肯定它的同时否定它。

3　为什么不是"［时量＋没 VP］了"？

《八百词》以及北大网站"最后的匈奴"网友认为,这一结构应该是先有"没＋动",后有"了$_3$",也就是：

他三天没吃饭/了

这虽然可以解释"他三天没吃饭"和"他没吃饭"的结构,但无法解释为什么"他没吃饭/了"不合格。因为按照上面的解释,"他没吃饭/了"应该合格。

虽然时量单位可以跟"没"共现,但是并不是说"时量"必须跟句尾"了"捆绑成对使用,时量可以单独使用,"了"也可以在其他情况下使用,它们也可以成对使用,而成对使用表现的恰恰是非成对使用所不能表现的意义,这就是我们所说的"过去起始"。"时量＋了"的框架和"过去起始"二者之间有充分条件关系。我们来看下面的分解,见表 4-1：

表 4-1

	a 不用句尾"了"	b 不用"没"	c 不用时量
(42)	他三天没吃饭。	他三天吃饭。	他吃饭了。
(43)	老张很长时间没有读书。	?老张很长时间读书。	老张读书了。
(44)	李四几年没看电影。	?李四几年看电影。	李四看电影了。

以上 a 类没有"了",b 类没有"没",c 类没有"时间量词",都不表示"行为或状态延续到说话的现在"的时体意义。也就是说,当"时量+了"构成一个句法框架,它就表达"行为或状态延续到参照时间的时体意义"。

因此,本章所讨论的汉语"过去起始"的框架性标记中的两个格式的准确表达应该是"时量+[没+V]+了"和"时量+了"两种形式,不是《八百词》等认为的"[没+动]+了"。

我们还要补充说明的是,不仅仅"过去起始"使用的是框架性标记,而且"将来起始"使用的也是框架性标记。只有"现在起始"是没有标记的。例如:

(45) 下雨了。

(46) 吃饭了。

(47) 立秋了。

(48) 开会了。

以上是"现在起始",没有什么特殊的标记。再看:

(49) 火车要来了。

(50) 饭要好了。

(51) 他要走了。

(52) 要开会了。

以上是"要起始"①。"过去起始"的例子上面举过了。那么"要起始"的命题结构比照上面的分析,也就应该是:

要［VP］了

"要"是一个情状类的标记。我们来看下面的分析:

(53) a ?火车要来。　　b 火车来了。　　c 火车要来了。
(54) a ?饭要好。　　　 b 饭好了。　　　c 饭要好了。
(55) a ?他要走。　　　 b 他走了。　　　c 他要走了。
(56) a ?要开会。　　　 b 开会了。　　　c 要开会了。

以上 a 类没有"了",纯属一种情状描述,并无"将来起始"的时体意义,甚至例(53)a 连意义都发生了变化,如果在原意上理解,此例不合格。b 类全部是"现在起始"。因此,单独一个"要"和单独一个"了"都不能表示"要起始"的时体意义。只有把"要"和"VP 了"搭配起来,形成一个"要＋VP＋了"的框架性标记才能表达"要起始"的时体意义,如以上 c 例句。

从语言类型学的角度讲,在分析语中用一组成分搭配起来表示语法意义或者时体意义是很常见的。汉语中有不少成对的前后标记结构,如"在……上/下/中""是……的"以及复句前后关联词的连用等,都属于这一类现象。表达过去起始的"时量＋了"以及表达将来起始的"要＋了"并非孤例。这种两个以上成分搭配着共同表达某种语法意义或时体意义的现象也并非汉语所独有。英语中 will/shall 以及 have V-ed 也不能单独地表示"将来完成"。只有把 will/shall 和 have V-ed 搭配起来形成 will/shall have V-ed 才能表达清晰的时体意义。除了英语中的"将来完成",其他的时体表达绝大部分也是通过两个成分的搭配来完成的,例如:be V-ing 和 have V-ed,其中助动词的不同屈折形式用来表达时的意义,而主

---

① "要"是"情状"范畴而非"时"范畴。"要＋起始"表达"要"所表达的情状的起始(发生)。例如:"饭要好了"表示"饭即将好"这一情状开始出现。

要动词的屈折形式表示体貌意义。"完成进行"跟"将来完成"一样要用三个成分的搭配(have been V-ing)。更不用说英语中成百上千的固定搭配了,如 as … as … , either … or … , so … as to … , so … that … 等。

4 对一个历史悬案的解释

把"时量＋了"作为一个标记性成分,还可以用来解释"我看了三天了"的历史悬案。这个例子可以有两种理解,一是"看到现在三天了(还没看完)",还有一个意思是"看完已经三天了"。

以往的解释似乎并不到位。现在将它们分解开来:"我看了"＋"三天了",就可以自然地得到两种解释。因为"我看了"有两种解释:1)"看"的开始并持续(父亲:你开始看书了没有？儿子:我看了。);2)看完了(那部电影小时候我看了)。所以,加上"三天了"("三天前"延续到现在)也就有两种解释:1)三天前开始看,一直延续到现在,还在看(还没看完);2)三天前看完了,"看完"的状态一直延续到现在——看完已经三天了。

现在可以看出这个句子可以有两种解释在结构上的成因了。

以上的处理方法无论在理论上还是在教学上都是比较实用的。

本章开头我们举过两个例子：

(57) 他没忘了你的事儿,都给办了。

(58) 他留下的东西我没扔了,都留着呢。

以上两个句子中的"了"都不是真正意义上的句尾"了",而是马希文(1983)讨论的北京话中的还没有完全虚化表完结意义的/lou/,即马希文所说的"了$_2$"。上面例子中的"了"可以用其他表示完结的副词来替换,如"完了"或"掉"等。

5 "S了"和"S的"的对立

现在我们顺带证明句尾"了"的新闻性和句尾"的"的对立:

(59) 1) a 老王回来了。　　　　b＊老王回来的。
　　 2) a 他什么时候回来的?　 b＊老王什么时候回来了?
　　 3) a 昨天回来的。　　　　 b＊昨天回来了。

(60) 老王昨天坐船回来了。

(61) 老王昨天坐船回来的。

例(59)包含3个话轮,第1话轮是报告一个新闻,句尾必须使用句尾"了",不能使用句尾"的";话轮2和话轮3中"回来"已经不是新闻,因此采用句尾"的",而不能使用句尾"了"。这也可以通过话轮2b的强制性不合格得到间接证明。话轮2b"什么时候"预设了说话人知道"老王回来了",但却使用了表示事先不知道的新闻性句尾"了",因而引起了句法语义上的冲突,在句法语义层次上就不能成立。

同理,例(60)具有报告新闻的性质,例(61)则主要提供"回来"的时间、方式等焦点信息。如果要凸显具体的焦点信息,可以通过句中"是"来标示:

(62) 老王昨天是坐船回来的。

(63) 老王是昨天坐船回来的。

"是"的位置不同,所标示的焦点就不同。

思考与练习

1. 名词解释

1)不相容选择;2)删除法;3)转换法;4)替换法;5)扩展法

2. 练习题

1) 请举例分析汉语中表示将来的时间词(例如"下次""以后""下个月")与动词后的体标记"了""过""着""来着"之间的不相容分布。

2) 请找出 5 个以上不能与"着""了""过""在"组合的动词,并分析它们为什么不能与这些时体标记组合。

3) 请找出 5 个以上只能与"了"组合,但不能与"着""过""在"组合的动词,并分析它们为什么不能与这些时体标记组合。

4) 请找出 5 个以上只能与"过"组合,但不能与"了""着""在"组合的动词,并分析它们为什么不能与这些时体标记组合。

5) 请找出 5 个以上只能与"着"组合,但不能与"了""过""在"组合的动词,并分析它们为什么不能与这些时体标记组合。

6) 请找出 5 个以上只能与"在"组合,但不能与"了""过""着"组合的动词,并分析它们为什么不能与这些时体标记组合。

第五章 近义副词的分布描写
——以"又、再、还、也"为例

0 引言

近义副词比较研究有两种范式。

范式1:寻求某些近义副词在所有语义、句法和语用上的共性与差异性,研究结果可以是一个语义图。

范式2:选定某些近义副词共同具有的特定语义范畴,对其句法、语用的差异以及下位语义差异进行研究。研究结果可以是语义、结构、语用特征矩阵(或图)。

范式2是范式1的局部研究。这一章就是选取"又、再、还、也"这四个副词共同具有的"重复或延续"义这一特征所做的研究。

"又、再、还、也"这四个副词都可以表达事件或行为的重复或同一类似行为的连续发生。在这一用法上它们之间的差别并不大,有时很难区分,尤其是在对外汉语教学中如何向学生说清楚,似乎不那么容易。

本研究之前,吕叔湘(1999)对这四个词都有详略不等的描写和对比。其中,认为"还、又"之间的区别是都可以表示动作再一次出现,但"还"主要表示未实现的动作,"又"主要表示已实现的动作。"也"和"又"的区别是,"也"表示和其他人的动作相等同,"又"表示和自己以前的动作相等同。"又"的用法有三个:1)表示相继,与时间有关;2)表示积累,与时间无关;3)表示某些语气。"再"表示一个动作的重复或继续。这些描写和对比为后人对这些词的对比研究提供了很好的参照。但还有不少问题需要进一步深化描写和解释,比如说"还"主要表示未实现的动作,"又"主要表示已实现的动作不太准确,如:

(1) 上个星期我去了大连,还去了哈尔滨。

(2) 明天又吃饺子啊!

例(1)使用"还",但表示已经实现的动作,例(2)使用"又"但表示未实现的动作。吕叔湘(1999)认为"也"表示和其他人的动作相等同。这也不太准确,例如:

(3) 我吃了生牛肉,也吃了三文鱼。

吕叔湘(1999)未能将本研究所提出的这四个副词放在一个系统内做更详细的相互比较,也未能对各自的功能进行系统性抽象。

蒋琪、金立鑫(1997)证明"再"有表达行为"中断"后复续的用法,而"还"则有行为不间断延续的用法,但并未对另两个副词作出描写和解释。

马真(1999)描写了"又、再、还",并将"又、再、还"的使用条件分为两大类:第一大类是用于"说过去的事情"的重复和追加,其中分四小类;第二大类是用于"说未来的事情"的重复和追加,其中又分四小类。该系统不仅稍显复杂,而且其中"说过去的事情"和"说未来的事情"的分类也存在理论系统上的问题。如文章认为:"再"不能用于陈述过去的事实,不管是表示重复还是表追加,所以下面例子里的"又"都不能换用"再":

(4) *这种圆珠笔我觉得很好用,所以用完后我再买了一支。

(5) *刚才我买了一支笔,再买了一个本儿。

实际上这跟过去"时范畴"没有关系,而和"体"(未然体)有关。上面两例都是"已然体",若将上例的已然体标记"了"删除,改为未

然体,都可以成立:

(6) 这种圆珠笔我觉得很好用,用完后我再买一支。

(7) 刚才我买了一支笔,打算再买一个本儿。

因此,"再"主要是用于"未然体"。

陈立民、张燕密(2008)从两个事件的关系的角度来观察"还""再""又"的语义,三者都存在两个并列的事件,这两个事件有共同的事件主体,说话人着眼于第二个事件。而三者的区别是:"还"表达的两个事件是一个大的事件的两个部分或者是一个事件集合的两个成员。"再"和"又"表达两个独立的事件。"还"与过去、现在、将来三个时域都相关,"再"与将来时域相关,"又"与过去、现在两个时域相关。本章将修正该文中的部分结论。

黎明(2010)讨论了"再"和"还"表达重复功能的部分条件,也讨论了"再""又""还"与动词不同类别的同现条件和主语的意图性,该文也注意到这三个副词与动词时制之间的限制关系,同时还讨论了这三个副词在是否具有重音特征方面的差异。但该文在研究方法上还是以内省为主,操作性证明略显不足。

本章试图在马真(1999),陈立民、张燕密(2008)以及黎明(2010)的基础上添加另一个意义相似的副词"也"进行比较。

先看下面的例句:

(8) 明天再吃饺子。

(9) 明天还吃饺子啊!

(10) 明天又吃饺子啊!

(11) 明天也吃饺子。

这四个例句分别使用四个不同的副词,句法和语义上都能接受。它们似乎可以互相替换。但是在下面的例句中它们都是严格受限的:

(12) *到八点了,妈妈再摇醒了我。(应该使用"又")

(13) *我的自信心终于再找回来了。（同上）
(14) *我想又去上海学习汉语。（应该使用"再"）
(15) *你太累了,先休息一下吧,过一会儿又做。（同上）
(16) *我休息了一下,然后还继续做作业。（应该使用"又"）
(17) *我休息一下,过会儿还做吧！（应该使用"再"）
(18) *我今天累了,明天也训练吧。（同上）

本研究采用"最小对立对"的方法描写并分析这四个副词在句法和语义上的使用条件,同时也试图将其归纳在一个基本框架内进行解释。

有个研究程序的问题需要说明。逻辑化的研究程序似乎应该是将"再、又、还、也"中的每一个成员与其他三个成员逐一比对,如:A 分别对比 B、C、D;然后 B 分别对比 C、D;最后 C 对比 D,总共做 6 次对比。实际操作中,根据这种对比方法写出来的文章相当"难看"(不仅文章篇幅布局不合理,而且前后照应也困难)。因此我们采取分头观察这四个副词的方法,通过对比其他相关的副词(在同一范畴下有相关性的副词才做对比),对比考察其句法语义特征。凡重复的不再列举对比。

1 又

根据我们的观察,表达复续意义的"又"可分为"又$_1$"和"又$_2$"。"又$_1$"为基本式,使用受时体的限制,"又$_2$"是引申形式,表达出乎意料,不受时体的限制,但有严格的句类条件。

1.1 又$_1$

先看例句:

(19) 张三前天又来找你了。
(20) 李四现在又来找你了。

这两个例句设定的是"过去时"和"现在时"(合并为"非将来时"①)并"已然体",句法语义合格。我们采用"最小对立对"方法,如果将其改为"将来时"和"未然体",句子就不合格:

(21) *张三明天又来找你。

句子不合格的原因似乎在于"时"的限制。即"又$_1$"只能用于非将来时的事件中。那么"体"是否有限制呢?我们可以设计一个已然体的结构来测试:

(22) a 明天你还吃了饭来找我。
 b 明天你也吃了饭来找我。
 c 明天你再吃了饭来找我。
 d *明天你又吃了饭来找我。

(22) d 不合格告诉我们,"又"只能用在表示"非将来时"并"已然体"的结构中,"非将来时"和"已然体"二者是使用"又$_1$"的必要条件。这也间接证明汉语在"时"上更倾向于"将来与非将来"的二时系统(金立鑫、于秀金,2015)。例(21)如果换为"再""还""也"则没有问题,即(22) a—c。

可见,"又$_1$"与"再、还、也"的最大差别在于时体的对立。**"又$_1$"只能用于"非将来时"的"已然体"事件。**

吕叔湘(1999)说"又"表示和自己以前的动作相等同,这个"自己"改为"句子的主语"或者事件的施事者或许更准确。

1.2 又$_2$

下面我们要讨论的"又$_2$"超出了吕叔湘(1999)的说明。因为"又$_2$"虽然也是"又",但是它可以用于未然体,当然,条件相当严格。

---

① 非将来时包括过去时和现在时。汉语中的时范畴更倾向于非将来时和将来时的对立。例如,"了"在无时标记的条件下,兼表过去时和现在时;"没"和"不"的分工也倾向于否定非将来时和将来时。

请看:

(23) 明天又吃饺子!(太好了!)(感叹句)
(24) 这么快!明天又是星期天(了)!(感叹句)
(25) 明天又吃饺子?(都吃腻了!)(疑问句)

一般从交际功能上,可以将句子分为四种类型:陈述句、祈使句、感叹句和疑问句。"又$_2$"出现在陈述句不能成立,但是可以出现在感叹句和疑问句中。如上例(23)—(25)。祈使句和陈述句使用"又$_2$"很难想象。再看下面的例子:

(26) 张三明年去美国。
(27) 张三明年也去美国。
(28) 张三明年还去美国。
(29) 张三明年又去美国(?/!)(*。)

例(26)—(28)是一般陈述句,语调也采用正常的陈述语气。但(29)不同,必须有鲜明的语用色彩,这种语气配合副词"又$_2$"的重读和句尾的语调表达说话人特有的语用含义:吃惊、怀疑或抱怨。

因此,结论是:"又$_2$"表达吃惊、怀疑或抱怨,一般在疑问句或感叹句中使用,需要重读[①]。

2 再

先看例子:

(30) *这个人昨天再来了。
(31) 这个人昨天又来了。
(32) *这个人现在再来了。

[①] 为什么"又$_2$"只能在疑问句、感叹句中使用,这个问题或许跟主观化等因素有关,留待今后研究。

(33) 这个人现在又来了。

(34) 你明天再来吧!

很明显,"再"和"又$_1$"在已然与未然条件上呈互补对称分布。一般人从以上例句的对立中似乎也很容易得到"再"与"将来时"有关的结论。但实际上它与未然体有关,跟将来时没有必然联系,即使是过去时,只要是未然体就没有问题。例如:

(35) 上次去中国的时候,再(＊又/＊还)去一下大连就好了。

(36) 那天我要是拍了护照像,再(＊又/＊还)拍一张生活照就好了。

(37) 昨天上午如果我们请他们吃了饭再(＊又/＊还)请他们喝杯咖啡,就更好了。

马真(1999:131)认为例(36)(37)的"再"用于表达"说过去的事情"的条件是"虚拟假设"。但是下面的例子不好说是虚拟假设:

(38) 上次去中国的时候,想再去一次大连,结果没能如愿。

(39) 那天我打算再拍一张生活照的,结果照相机坏了。

(40) 昨天上午我请他们再喝杯咖啡,可是他们不要。

因此"未然体"比"虚拟假设"有更强的解释力,且也能与前面的例子统一起来解释。若将以上例子的"体"换成"已然体",则不合格:

(41) ＊上次去中国的时候,我再去了大连。(但可以用"又")

(42) ＊那天我拍了护照像,再拍了一张生活照。(同上)

(43) ＊昨天上午我们请他们吃了饭再请他们喝了杯咖啡。(同上)

因此"再"用于表达"未然"的事件。与"时"是否为过去或将来无关,也与假设虚拟无关①。

前面我们说过,"再"和"又₁"在已然与未然条件上呈互补对称分布。但有一点"再"与"又"不同,在陈述句中,"又"可以直接用来陈述一个事件,而"再"用在第三人称陈述句中只能间接陈述一个事件。例如:

(44) 这个人?(说)明天再来。②
(45) 张三?(说)下个星期再看一遍。

但是祈使句可以直接使用。例如:

(46) 这次去新加坡,下次再去德国吧!
(47) 今天我们吃三文鱼,下次再吃牛肉吧!

但是下面的例句不能成立:

(48) *这次去新加坡,下次再吃三文鱼吧!
(49) *今天我们吃三文鱼,下次再去德国吧!

(48)与(49)不能成立的原因很明显,前后两个事件不属于相同范畴。因此需要修改规则:**"再"表达未然、有时间间隔的、同类范畴的事件或行为**。

请注意,作为语素的"再"不是本研究讨论的范围,它的使用不受以上规则制约,如下用例:

(50) 上周中国政府再次发表声明,……
(51) 去年他再次当选美国总统。
(52) 昨日原油再次突破55美元大关。

这里的"再"是"再次"中的语素成分,如果将其替换为"再",句

---

① 在假设事件为"已然"的条件下,"又"可以用于"将来时",即用于"将来已然体"。因此,"已然体"是使用"又₁"更本质的必要条件。

② 问号放在括号前说明如果没有括号中的成分,句子不自然。如果问号放在括号内,说明使用括号中的成分不自然。

子不合格：

(53) ＊上周中国政府再发表声明。

(54) ＊去年他再当选美国总统。

(55) ＊昨日原油再突破55美元大关。

媒体的某些标题中有"再"作为"再次"的表达，例如：

(56) 中国女排再夺金牌。

实际上这个"再"是"再次"的变化形式，因此也不受规则约束。

3 还

蒋琪、金立鑫(1997)曾经证明"再"是某一行为终止之后的重复或继续，多数情况下前一个事件是已然的，后一个即将复续的事件是未然的，两个事件之间是"断开"的。而"还"相反，表达的是连续性的行为或事件。这一点还可以在下面的例句中看到：

(57) 他一直在做外贸生意，没停过，到昨天还在做。

(58) 他以前是老板，现在还是老板。

(59) 今天吃了饺子，明天还吃饺子。

上面的例句表明，"还"的使用没有时体条件的限制。可以用于现在、过去和将来时间的已然体中，也可以用在未然体中。只要是表达连续性的行为就可以。但是请看下面的星号句：

(60) ＊我休息了一下，然后还继续做作业了。（又）

(61) ＊上午做到这里，吃饭，下午还做吧！（再）

(62) ＊他以前是老板，现在又/再是老板。（还）

例(60)和(61)都表达前后两个事件的间隔，如果后一个事件是已然的，那么必须使用"又"，如果后一个事件是未然的，则必须使用"再"。这是"又"和"再"最主要的分工。而"还"只能用在类似例(57)—(59)的表达先后两个相同事件之间无间隔的连续性重复。不能用在(60)—(61)表示两个事件之间有间隔的例句中。由于(62)前后两个小句表达的内容是连续的,因此只能使用"还",用"又"和"再"都不对。

因此"还"的句法语义规则是:用于表达无间隔的连续重复行为。

下面的例子疑似例外:

(63) 上次去中国,我还去了大连。

(64) 早饭我吃了个包子,还喝了杯酸奶。

上面两个句子貌似中间没有连续,马真先生认为(64)中的"还"表示"追加",这个看法很有道理。我们如果从整体事件上看,这两个例子表达的是一个整体大事件内部的连续性小事件,或者是整体与部分之间的连续关系①,否则句子不合格,例如:

(65) *去年去了中国,明年还去大连。

(66) *早饭我吃了个包子,还洗了一件衣服。

疑似例外的还有:

(67) 我们吃了烤肉,喝了啤酒,还(又)唱了卡拉 OK。

(68) 明天还训练,真讨厌!

(69) 我明天要看书,写作业,还要去医院。

(67)和(68)表面看起来这些事件之间似乎也是有间隔的。物理世界确实如此,但在人的语言世界和认知世界中,这些事件在心理空间和时间上可以被说话人当作是连续的。这也是说话人的主观性在语言中的一种表现。(67)是一个大的整体事件内部的若干小事件的连续性,其中的"还"可以替换为"又",这也可以说明这种

---

① 例(64)的"还"表示追加。我们用整体事件内部的连续性来解释。

主观性的作用。(68)预设了"今天也训练了"是"连续两天的训练",同属"训练"这个大事件,所以用"还"。(69)内的三个事件在物理世界中明显是有间隔的,但如果说话人主观上将其看作一连串的连续的行为,小事件之间主观上感觉是连续的,几乎没有间隔,因此使用"还"来表达。如果要凸显事件之间的间隔,需要"然后"来标记这一间隔,例如:

(70) 我们吃了烤肉,喝了啤酒,然后再(＊还/＊又)唱卡拉OK。

(71) 我明天先看书,写作业,然后再(＊还/＊又)去医院。

4　也

吕叔湘(1999)认为,"也"和"又"的区别是,"也"表示和其他人的动作相等同,"又"表示和自己以前的动作相等同。我们已经用例(3)证明了这个论断并不准确。下面我们按照相同施事和不同施事、相同事件和不同事件的逻辑组合来观察:

第一类,相同施事,不同事件:

(72) 我吃了生牛肉,也吃了三文鱼。

(73) 我去中国留过学,也去美国留过学。

(74) 张三看了电影,也喝了咖啡。

第二类,相同施事,相同事件:

(75) 我昨天吃了生牛肉,今天也吃了。

(76) 我去年去中国留学了,明年也去。

(77) 张三昨天去看了电影,今天也去了。

第三类,不同施事,相同事件:

(78) 我吃了生牛肉,张三也吃了(生牛肉)。

(79) 我去中国留学,李四也要去。
(80) 张三去看电影,我也去。

第四类,不同施事,不同事件:

(81) ?我吃了生牛肉,张三也吃了三文鱼。
(82) ?我去中国留学,李四也去泰国旅游。
(83) ?张三看了电影,我也喝了咖啡。

第四类句子的可接受度很低。

根据以上事实,可以总结"也"的句法语义特征和可接受度等级:**"也"用来表达相同或类同的行为。但是在两个事件的选择上存在选择使用上的优先等级与可接受度等级**,其等级如下:

1. 不同施事,相同事件(张三吃了三文鱼,李四也吃了);
2. 相同施事,相同事件(张三前天吃了三文鱼,昨天也吃了);
3. 相同施事,不同事件(张三吃了三文鱼,也吃了生牛肉);
4. 不同施事,不同事件(?张三吃了三文鱼,李四也喝了咖啡)。

下面我们用其他副词是否能替换句子中的"也"来证明上面列出的选择优先等级。

笔者确定优先等级的原则是:可选项越严格的,等级越高;可选项越不严格的,等级越低。另外一条辅助原则是:语境越自由的,等级越高;语境越不自由的,等级越低。结果如下:

1. 不同施事,相同事件(张三吃了三文鱼,李四也吃了)。只能使用"也",其他三个副词无一可替换。这类句子强制选择"也",并且上下文语境自由,因此选择等级最高,换句话说,这一类"也"的句子结构最典型。

2. 相同施事,相同事件(张三前天吃了三文鱼,昨天也吃了)。可选择替换副词"又",但不能选择"还"和"再",语境自由,选择等级排列第二。

3. 相同施事,不同事件(张三吃了三文鱼,也吃了生牛肉),这一类句子可选择替换副词"还"和"又",语境也比较自由,因此选择等级第三。换句话说,这类句子并非一定是用"也",用"还"和"又"也可以。

4. 不同施事,不同事件(张三吃了三文鱼,李四也喝了咖啡)。可选择替换两个副词"还"和"又",但强烈依赖语境,无特定语境不可接受,因此选择等级最低,换句话说,这类句子最不宜选择。

最后为节省篇幅,我们用例句后面的括号简单解释一下开头的(8)—(11)四个例句,为什么相同基本命题可以使用不同的副词:

(8) 明天再吃饺子。(特征是事件间隔)

(9) 明天还吃饺子。(主要因素是主观认为事件相连,不间断)

以上两个句子的差别与"体"的下位分类相关。

(10) 明天又$_2$吃饺子?/!(疑问句或感叹句,或表示意料之外)

(11) 明天也吃饺子。(特征是表达类同)

现在可以解释为什么(12)—(18)错在哪里:

(12) *到八点了,妈妈再摇醒了我。(已然,应该用"又")

(13) *我的自信心终于再找回来了。(同上)

(14) *我想又去上海学习汉语。(未然,应该用"再")

(15) *你太累了,先休息一下吧,过一会儿又做。(未然间隔,应该用"再")

(16) *我休息了一下,然后还继续做作业。(已然间隔,应该用"又")

(17) *我休息一下,过会儿还做吧!(未然间隔,应该用"再")

(18) *我今天累了,明天也训练吧。(同上)

5 小结

本章采用"最小对立对"方法逐一描写了现代汉语中常见的四个表示复续或相同行为的副词:再、又、还、也。通过描写可以看到:

一般陈述句中的"又"用于已然体的事件有间隔的重复,但疑问句或感叹句中的"又"不受此限制;"再"用于表达未然相同范畴行为的间隔性重复;"还"表达连续性的行为或事件的复续;"也"用来表达相同或类同的行为,但是在先后两个事件的施事和受事的选择上存在优先等级与可接受度等级:

1. 不同施事相同受事;
2. 相同施事不同受事;
3. 相同施事相同受事;
4. 不同施事不同受事。

我们用表 5-1 表示这四个副词在语义上的异同:

表 5-1

	非将来—已然	又$_1$	
复续	未然	—间隔	又$_2$
		＋间隔	再
	连续	还	
	相同	也	

这个表并不能反映这四个副词的系统性,我们将其组建成下面的系统。这个系统说明,汉语中这四个表达复续性行为的副词首先区分是否受语法"时"(tense)和"体"(aspect)的限制,受限的和非受限的两大类,受时体限制的分为非将来已然(又$_1$)和未然,而未然下面又区分是否有间隔,未然有间隔的用"再"表达,未然无间隔

的用"又₂"(仅用于表达感叹、抱怨和疑问);无时体限制的有两类,一个是表达连续性行为的"还",另一个是表达相同行为的"也"。如图5-1:

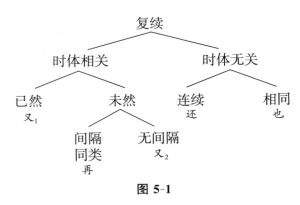

图 5-1

思考与练习

1. 名词解释

1)近义副词比较研究范式;2)已然体;3)未然体;4)确定优先等级的原则

2. 练习题

1)请用本章分布描写的方法,比较分析你方言中的"又、再、还、也"。

2)请用分布分析法描写下列词语间的差别,并证明这种差别的客观性。

①突然、忽然

②刚才、刚刚

③一向、从来

④往往、常常

⑤眼看、马上

第六章 两种基本句法成分位序关系的描写
——以趋向次级谓语和宾语的位置关系为例

0 引言

基本句法成分主要包括：主语、谓语、宾语、状语，在汉语中还有一个"补语"也是基本句法成分。定语不属于基本句法成分，因为定语不是构成句子的直接成分，不直接参与句子的构造。定语是名词短语的内部成分。在类型学中，句子的基本成分主要以主语、宾语和动词为考察对象。在语言研究中，宾语的位置关系至关重要，尤其是在汉语中。宾语能否出现在动词之前？如果出现在动词之前，它会引起什么样的句法和语义后果？这些问题引起很多学者的关注。

本章讨论的是宾语和表示对象转移方向或路径的"趋向动词"之间的位序关系。这个"趋向动词"在传统语法上一般称之为"趋向补语"，在本章中我们将其处理为"趋向次级谓语"（secondary predicate），因为从句法功能的角度来看，这是一个典型的述谓性成分，与谓语在功能上没有差别，但又因为它处在行为动词之后，所以为"次级谓语"（或"第二谓语"）。

1 趋向次级谓语的成员

趋向次级谓词有两种。

一种是简单形式,主要是:

　　来、去、上、下、进、出、回、开、起

这些趋向次级谓词主要放在主要动词(main predicate,主要是单音节动词)的后面,表示动作的方向和结果(这些词作主要动词的情况不在本研究范围内),如:

带来	请来	叫来	开来
回去	开去	买去	拿去
带上	拿上	登上	放下
拿下	叫下	走下	拿起
走开	拿开		

另一种是复杂形式,由两个趋向动词构成,其中后一个趋向动词只有两个:来、去。除了"起"只跟"来"配合之外,其他的所有简单形式趋向次级谓词可以任意跟"来"或者"去"配合,构成"V来/去"的形式。如:

　　上来/去;下来/去;出来/去;进来/去;过来/去;回来/去;开来/去;起来

这种复合趋向次级谓语形式同样可以放在主要动词后面表示动作的方向或结果。例如:

　　拿上来/去;走下来/去;跑出来/去;提进来/去;打过来/去;说回来;拿开来;抬起来

以下使用"趋$_1$"指称复合趋向次级谓语中前面的趋向次级谓词,用"趋$_2$"指称后面的趋向次级谓词"来/去"。

2　简单趋向次级谓语和宾语的关系

本节解释趋向次级谓语和宾语的位置及其时体意义。

2.1 简单趋向次级谓语和施受事宾语的位置关系

施受事宾语的位置有两个。如果趋向次级谓语是"来""去",施受事宾语的位置在趋向次级谓语前或后都可以,图示如下:

这两个位置具有不同的语法意义。

2.1.1 宾语在趋向次级谓语之后

  带来一本书 开来一辆车 带来一个人
  带去一本书 开去一辆车 带去一个人

这是宾语在趋向次级谓语之后的结构。这种结构在体范畴上属于"实现－结束体"。下面解释这一结构中体的形成。

需要声明的是,我们区分"实现"和"结束"这两个概念,因为它们之间有不小的差别。"实现"是指动作行为得到实施(执行),"结束"是指动作行为已经结束。前者是后者的上位概念,后者蕴涵前者。

"来"属于"移动"范畴,如果动宾语序为 VO,即宾语出现在动词之后,可以认为这一动词表示的运动获得了一个终点。在"V 来/去"结构中,事件的发生分为两个阶段:"V"的阶段和"来/去"的阶段。时间上也很清楚地表明"V"在前,而对象的"来/去"在后。根据这一"时间顺序","来/去"前面的动作行为应视为已经实现。这里的"来/去"具有主要动词的"结束体"标记的功能。因此下面例子中右边的例子是左边例子的冗余形式:

(1) 他带来一本书 他带来了一本书
(2) 他带去一本书 他带去了一本书

(3) 他开来一辆车　　他开来了一辆车

(4) 他开去一辆车　　他开去了一辆车

(5) 他拿来一份报纸　他拿来了一份报纸

(6) 他拿去一份报纸　他拿去了一份报纸

上面左右两边的例子并没有引起任何时体上的变化。因此可以认为,"来/去"不仅表现"移动"语义,也有表达"实现－结束体"的功能。

以下我们继续证明。

如果我们删除上面例子中的宾语,情况就会发生很大的变化:

(7) 我带来。

(8) 我带去。

(9) 我开来。

(10) 我开去。

这些例子中的动作行为并没有得到实现。这个问题和下面我们要讨论的"封闭""开放"的概念有关。

先证明规则1:汉语中光杆的"动词＋了"和现实、和说话的时间有关。可以看作是开放的、未封闭的。例如:

(11) 我拿了。

(12) 我来了。

(13) 我拿来了。

上面的3个例子是有歧义的。歧义一:实现－结束;歧义二:实现－未结束。歧义一跟两个不同"了"的重合有关,参见朱德熙(1982:209－210)。我们只取其中的"实现－未结束"的意思。上面例子后面的实现体标记都是"开放的",未得到封闭,因此都和说话的时间、和现实有关系。但是下面的例子仅仅是多了宾语就没有了歧义:

（14）我拿了一本书。
（15）我拿来一本书。
（16）我拿来了一本书。

上面的例子说明，宾语确实在其中起了能量封闭、提示运动终止点的作用。这是为什么？请看如下例子和说明：

（17）他看了。　　（可以解释为现在开始看）
（18）他看书了。（同上）
（19）他看了一本书。　（只能解释为"看"结束）
（20）他看了三天。　　（同上）
（21）他看了三天了。　（歧义之一为还在继续看）

于是我们可以解释，为什么下面的例子具有"结束"的时体意义：

（22）带来一本书　　开来一辆车　　拿来一份报纸
（23）带去一本书　　开去一辆车　　拿去一份报纸

因为"来/去"后面的宾语封闭了"来/去"，因此这种句式获得了"结束"的时体意义。

2.1.2　宾语在趋向次级谓语之前

先看下面的例子：

带一本书来　　开一辆车来　　拿一份报纸来
带一本书去　　开一辆车去　　拿一份报纸去

我们可以用上面讨论的"实现"和"封闭/开放"来解释这一类例子。跟2.1.1的情况相对，上面的例子都是宾语处在"来/去"之前。"来/去"的后面是开放的，没有体标记。这种"无标记"动词在汉语中的意义是"尚未结束、和说话的时间有关系"。

此处我们要证明以下规则2，以便于下文的论述。

规则2：汉语中没有体标记的单音节行为动词是未实现的、不

占据流逝的时间量,少部分是"泛时式"。也就是说,它们大部分处于时间轴的"将来"一端。例如:

(24) 我带　　我带语法书
(25) 我来　　我来学校
(26) 他开　　他开小车

以上都是未实现的,不是已经实现的事件。

如果将"来/去"放在这些动词的后面,时体意义是否会发生变化呢?

(27) 我带来。
(28) 他开来。

时体意义没有任何变化。现在要问这是为什么?虽然"来/去"的基本意义是表示运动的移动方向。但是关键的是,前面的行为动词并没有获得实现的时间量,因此"移动"也就无法实现。现在我们把宾语插在动词和趋向次级谓语之间:

(29) 带一本书来　请老师来　叫朋友来　开一辆车来　拿一份报纸来

还是没有改变这个结构的时体意义。因为前面的动词仍然没有附带任何体标记,因此整个结构还是处于"未实现"的状态。

由于这是一个未实现的状态,因此可以出现在祈使句中,相反的情况就不可能:

(30) 请你带一本书来。
(31) *请你带来一本书。

因为(31)中的动作得到了封闭,是已经实现的行为,所以不能用于祈使。

现在一个极有意思的问题提出来了:为什么"带一本书来"中的"带"和"来"是未实现的,而"带来一本书"中的"带"和"来"却是已经实现的?

看起来这是一个语序问题。而实际上汉语动词的语序体现的却是时间上的顺序关系(时序原则,参见戴浩一,1988)。在"带来一本书"中,"来"在宾语"一本书"的前面,与一般行为动词能量上指向宾语一样,"来"在位移能量上指向的是宾语。也就是说,宾语获得了"位移"的能量推动。因此宾语发生了位移。而在"带一本书来"中,"来"处在宾语的后面,根据规则2,它获得是"未实现"的时体意义。并且,即使"带一本书来"结构中的动词"带"的动能已经落到宾语的身上,但是它并未实现"位移",因此,"带"也就很难说得到了实现。何况根据规则2,没有体标记的动词也是未实现的。"带"没有体标记,所以也是未实现的。但是在"带来一本书"中"来"兼有体标记的功能,这是"带一本书来"所不具有的。

2.1.3 趋向次级谓语结构中三种不同的时体意义

先小结一下前两个小节的时体意义。

1)"动词+来/去+宾语"结构(例如"带来一本语法书")中的动词和趋向次级谓语都已经实现并且结束。也就是说,宾语已经完成了位移的过程,到达了目的地。

2)"动词+宾语+来/去"结构(例如"带一本语法书来")中的动词和趋向次级谓语所表达的行为都没有实现。也就是说,不仅行为动词没有实现,表示位移的趋向次级谓语也没有实现,因此位移的对象宾语还留在原地,没有到达目的地。

现在引进另一个结构3):动词+了+宾语+来/去(例如"带了一本语法书来")。

参照我们前面两个小节的讨论,上面结构中的行为动词具有"了"的实现体标记,后面也有宾语封闭了主要动词的能量,但是"来"趋向次级谓语的后面仍然是开放的,没有得到封闭。由于它与说话的时间有关系,以说话的时间为参照时间,这意味着趋向次级谓语所表达的位移行为"尚未终结"。因此,可以推导出这个结构的时体意义应该是：行为动词所表达的行为已经实现，而趋向次级谓语所表达的位移行为并没有结束，所以，宾语所表达的对象的移动还没有结束，即移动的对象还处在位移的途中。"带了一本语法书来"这种句子结构的意义可以解释为："一本语法书"还没到达目的地。

上面三个结构，以对象的移动为参照系，分别表达三种不同的移动状态。我们可以从中得出如下的移动轴：

没有移动 ——————→ 正在移动 ——————→ 移动结束
（未实现）　　　　　（实现—未结束）　　　（实现—结束）

2.2 处所宾语的位置

2.2.1 位移性动词

如果行为动词是位移性的，趋向次级谓语就一定是"上、下、进、出、回"，并且处所宾语也只能在趋向次级谓语的后面，图示如下：

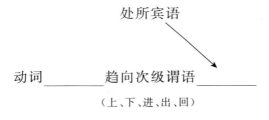

例如：

(32) 爬上楼　走下山　走进教室　开出学校　跑回家

如果行为动词不是位移性的，对象宾语和处所宾语可以共现（是否称为处所宾语，可以另外讨论）。例如：

(33) 拿一本书上楼　带一些水果下山
　　 背一些资料进教室　装了不少东西回家

为什么这一结构中的处所宾语只能在趋向次级谓语之后，而不能在趋向次级谓语之前？这个问题还是跟移动能量有关。处所宾语是位移趋向次级谓语的指向之所,也因此是移动能量的终点。在以上 VO 语序中,能量所及对象 O 处于动词之后。因此,处所宾语在趋向次级谓语的后面。否则,处所宾语处在行为动词之后,行为动词的能量指向处所,这是人类行为动词无法承受的,例如：

　　＊拿楼　　＊带山　　＊背学校　　＊装家

2.2.2 "趋₁"为主要动词

如果"趋₁"充当了主要动词,那么"趋₂"就是"来、去",并且处所宾语的位置在动词和趋向次级谓语之间,图示如下：

例如：

(34) 进教室来　　回家来　　出学校去　　下楼去

外国人学汉语,很长时间了还可能出现下面的句子：

　　＊进来教室　　＊回来上海　　＊出去学校　　＊下去楼

这个问题还是和时体有关。前面我们已经讨论过,宾语在趋向次级谓语前有未实现的语法意义,宾语在趋向次级谓语的后面具有"实现—结束"的时体意义。上面的例子中,"进教室来"等都是未实现的时体句,一般用于祈使或者表达将要进行的行为。如果表达祈使、将要进行的意义用表达"实现—结束"的"V 来 O"这样的结构来表达,这将造成说话的祈使意图(未实现)与这一结构的"实现—结束"的时体意义产生冲突。

3 复杂趋向次级谓语的位置

复杂趋向次级谓语和宾语之间的关系有四种情况。

3.1 没有宾语的简单用法

没有宾语的简单用法是：V ＋ 复合趋向次级谓语，例如：

  爬上来/爬上去 开进来/开进去 走出来/走出去
  跑过来/跑过去

这种结构是中性状态（没有其他成分的加入），它的体特征是未实现，因此常常用作祈使句，请别人或者命令别人做什么事情。如果加入其他成分，特别是时体标记"了"等，情况就会发生变化。例如：

(35) 你爬上来！ （祈使句，未实现体）

(36) *他爬上来！ （不合格）

(37) 他爬上来了。（陈述句，开放的实现体，所以是否结束，两可）

(38) 他爬了上来。（陈述句，前一动词实现并封闭，趋向次级谓语未封闭：实现——处于"上来"的状态）

以上现象的解释与 2.1 节并无不同，兹不赘述。

3.2 宾语插入的句法位置

下面谈其他三种有宾语的用法。在主要动词、趋$_1$、趋$_2$ 排成的序列中，施/受事宾语或处所宾语能进入的位置一共有三个，它们分别是 1 号位、2 号位、3 号位：

  动＿＿＿＿趋$_1$＿＿＿＿趋$_2$＿＿＿＿
    1   2   3

1号位置

1号位置只能插入施/受事宾语，不能插入处所宾语。图示如下：

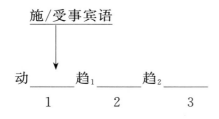

例如：

(39) 拿一本书上来/拿一本书上去
请一个人出来/请一个人出去
(40) 开一辆车进来/开一辆车出去
叫一个同学过来/叫一个同学过去

这种结构的时体意义同2.1.2。它们表示未实现的命题，所以常常用作祈使句，请别人或者命令别人做什么事情。同样，如果加入其他成分，特别是时体标记"了"等，时体特征就会发生变化。

2号位置

2号位置可以插入施/受事宾语，也可插入处所宾语。图示如下：

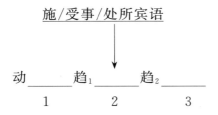

与1号位置相比，它们所表示的时体意义不一样。这里面有两种情况，一是插入的是施/受事宾语，二是插入的是处所宾语。下面先讨论插入施/受事宾语的例子：

(41) 拿出一本书来/拿出一本书去

(42) 走出一个人来/走出一个人去

(43) 开进一辆车来/开进一辆车去

(44) 跑过一个女同学来/跑过一个女同学去

(45) 想起一件事儿来

在2.1.1中我们论述过"拿来一本书"之类结构的时体意义是"结束"。现在讨论的结构比2.1.1中的结构多了一个句末尚未虚化的趋向次级谓语"趋$_2$"。这个句末的"趋$_2$"又表达了什么意义呢？

根据我们前面对动词时体的讨论，可以看到，这一句式中的"趋$_1$"由于后继宾语的出现得到了封闭，而"趋$_2$"并未得到封闭。于是可以推测，这个句式中的"趋$_1$"已经实现，而"趋$_2$"却是开放的，它和说话的现实发生了联系，成为一种正在实现的状态。如果"趋$_2$"完全虚化，就是另外一个问题。

这一类句子中，比较难处理的是："带上一些钱去"之类"趋$_1$"比较虚化的例子①。动词并未得到实现，很类似于"V＋O＋趋"结构。如果"趋$_1$"并不虚化，问题便不复存在（我们稍后就要讨论）。

插入处所宾语的例子在时体特征上与插入施/受事宾语的情况并无不同：

(46) 他爬上山来/爬上山去

(47) 校车开进学校来/开进学校去

(48) 老师走出门来/走出门去

我们前面对插入施/受事宾语的解释在这儿也同样适用。

3号位置

3号位置只能插入施/受事宾语，不能插入处所宾语。图示

---

① "趋$_1$"可以删除，如上面的例子"带上一些钱去"变为"带一些钱去"，意思相同，"上"已经虚化，没有实际意义。

如下：

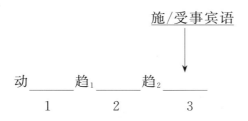

例如：

(49) 拿上来一本书/拿上去一本书

(50) 走出来一个人/走出去一个人

(51) 开进来一辆车/开进去一辆车

(52) 跑过来一个女同学/跑过去一个女同学

(53) 想起来一件事儿

宾语处在趋向次级谓语之后的结构特征，我们在2.1.1中已经有了详细的分析。在我们看来，简单趋向次级谓语后加宾语的句法结构与复合趋向次级谓语后加宾语的结构，在句法结构上并无本质不同，其语法意义也极为相似。

本小节的句法结构及其时体特征可以总结如下：

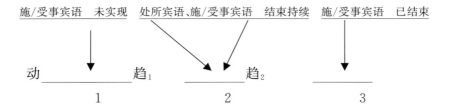

3.3 复合趋向次级谓语、施受宾语、处所宾语的同现

施/受事宾语、处所宾语如果在下面的框架中同现，逻辑上应该有8种排列。但是其中只有1种排列是合格的。

动_____趋₁_____趋₂_____

例如:

(54) 叫一个学生进办公室来

(55) ?叫进办公室来一个学生

例(54)中的动词没有获得时体标记,"趋$_1$"有实意动词的倾向,因此它与我们在2.1.2中讨论的情况接近。时体上属于"未实现"。例(55)如果能够成立,与我们在2.1.1中讨论的情况接近,时体上应该属于"结束"。

4 小结

以上我们对绝大多数趋向次级谓语和宾语的位置组合关系进行了考察,通过对趋向次级谓语和宾语之间语序关系以及"了"的位置的分析,分出了"封闭""开放""实现"和"结束"等范畴,并且使用这些范畴对不同的"宾语/趋向次级谓语"组合进行了分布描写和解释,得出了趋向次级谓语和宾语组合结构中的三种时体特征:未实现、实现一未结束、实现一结束。希望我们的研究能够对对外汉语教学、计算机自然语言处理和语言学理论有所裨益。

思考与练习

1. 名词解释

1)次级谓语;2)实现一结束体;3)位移性动词

2. 练习题

1)请用分布分析法描写"很慢"在动词前和动词后之间的语义差别,并证明这种差别。

2)请用分布分析法描写介词短语在动词前后之间的语义差

别,并证明这种差别。

3)请用分布分析法描写动词的内论元(底层宾语,例如"吃饭"的"饭")在动词后与在动词前(或者句首)的语义或语用差别,并指出这种差别所对应的上下文语境条件。

4)请找一些修饰动词的状语可以在同一个句子中挪到动词后的例子,并分析这些状语在动词后与在动词前在语义或语用等方面的差别,把这种差别总结为一条结构规则:如果 X,则该状语可以同时在动词前后出现。出现在动词前的表示 Y,出现在动词后的表示 Z。然后证明:在这类结构中,凡是出现在动词前的一定表示 Y,没有反例;凡是出现在动词后的一定表示 Z,没有反例。

第七章 语义相反或相对的副词的描写[①]
——以"就"和"才"的主观量语义为例

0 引言

在第五章中,我们通过句法分布的描写展示了四个近义副词"又、再、还、也"在语义和功能上的差别。本章开始我们要将两个在语义上看起来截然相对的副词"就"和"才"作为描写对象,通过展示其句法分布特征来揭示它们的语义差别和各自的句法功能。

因为"就"和"才"所牵涉的问题比较多,也比较复杂,所以我们分别用三个章节(第七、八、九章)来分析和展示。

0.1 问题的提出

(1) a 就来。　　　　　　　　b 才来。
(2) a 就三个人。　　　　　　b 才三个人。
(3) a 就张三。　　　　　　　b *才张三。
(4) a 七点就起床了。　　　　b 起床就七点了。
(5) a 七点才起床。　　　　　b 起床才七点。
(6) a *张三昨天就去。　　　 b 张三昨天才去。
(7) a 张三昨天就去了。　　　b *张三昨天才去了。

例(1)(2)两例 a、b 的差别何在?例(3b)为何不合格?例(4)

---

① 这一章是与杜家俊同学合作完成的。

(5)a、b 有何规则？例(6)(7)a、b 为何形成形式上的交叉互补？

笔者试图就以上结构中的"就"和"才"的核心意义以及它们的主观量和时体表达功能作出分析，并对以上问题作出合理的解释，主要旨趣在于展示对这两个副词的描写过程和方法。

0.2　研究对象

本章的研究对象是表示"限制范围、强调少量"（陆丙甫，1984）的"就"以及与此相对的"才"（与"量"——物量、时量相关）。

以下不在讨论范围之内：语气副词"就"（如：我就不来＝我偏不来）、语气副词"才"（我才不信呢）；关联性副词"就"（你去我就去）、关联性副词"才"（你去我才去）。

0.3　研究回顾

对"就"和"才"进行对比分析的研究中，有几位学者值得特别关注：王还(1956)、Biq(1984，1988)、Paris (1985)、白梅丽(1987)、史金生(1993)、Lai(1995，1999)、周守晋(2004)、陈立民(2005)、王群(2005)、Hole(2004)等。

王还(1956)是最早提出这一问题的，最早观察到"就"和"才"这两个副词在时间和数量语义上的对立和互补。Biq(1984，1988)从语义和语用角度对"就"和"才"做了对比分析，从语义和语用角度作出了解释，用说话人的"期望"解释了"就"与"才"的对立现象，但未能对(4a)(5a)和(4b)(5b)的对立作出统一性解释。Paris (1985)和白梅丽(1987)也指出了"就"和"才"不同的"期望"方向：如果是时间，"就"表达先于设定值；如果是数量，则是少于设定值；而"才"却正好相反。史金生(1993)则采用了"预期"的概念，本质上与白梅丽的"期望"相似。Lai(1995，1999)则在 Biq(1984，1988)的基础上概括了"就"和"才"的四种用法："时间、限制、逻辑条件、强调。"她将"就"的核心语义归纳为先于（或少于）预期；"才"正好相对,是晚于(或多于)预期,结论与白梅丽和 Paris 基本一致。周守晋(2004)讨论了"就"与"才"的主观量,用"起点化"和"终点化"以及"语义指向"等部分解释了这两个词的语义对立。陈立民(2005)的结论未能超出 Lai(1995,1999)。王群(2005)指出"就"与"才"语义变化的双向性和不平衡性,也涉及这两个词在语义上的双向性,但离用一个统一的规则来解释还有距离。Hole(2004)从焦点和背景角度联系"都"和"也"一起讨论了"就"和"才"的对立。但以上所有学者都未对(3b)现象作出解释,也未能对(4a)(5a)和(4b)(5b)的对立现象作出统一解释。在描写的方法和程序上也与本研究不同。

0.4 研究方法

本研究采用严格的实验室方法,从最简结构[①]开始,运用"最小对立对"分布分析法以及扩展的结构分布分析法就这两个词所处的最简结构和扩展结构进行分析描写。

在很多情况下,结构内的分布条件不足以充分显示观察对象的全部功能,引进某些结构外的成分(必须加以严格控制)可以显示观察对象某些隐蔽的功能。因此,本研究将扩展以往的重视结构内的分布分析,引入结构外的因素对观察对象进行功能性测试。扩展分布主要有两种:(1)强化结构中的某些成分以凸显被凸显成分的功能(提高程度但不改变范畴意义,如几何学中的延长线,本研究所用的"和谐结构"属于这一类);(2)引入结构外的结构对观察对象进行功能性测试(如几何学中的"辅助线",本研究所用的"语境或问答测试"等属于这一类)。

---

① "最简结构"有两类:A 由观察对象为必要成分构成的最小且自足的结构;B 将 A 所定义的"最简结构"中原有的观察对象删除之后得到的结构。二者之间的差别一般体现观察对象的功能和意义。如果 B 不合法,则 A 为原始最简结构。

1 "就"和"才"最简结构描写

本小节描写"就""才"分别构成的最简结构。因为最简结构最"干净",没有其他成分的干扰,最容易观察到"起作用的因素",因此也最容易抽象出观察对象的本质特征。科学研究总是从最简单的对象开始,待最简结构研究清楚后再逐步引进其他因素,考察其他对结构起作用的因素或条件。非最简结构描写由于很难把握其他结构成分是否在提取该结构的某些概念或范畴时起到了作用,因此也很容易将其他成分赋予的意义或结构整体的意义归结到某一特定成分上。本研究遵循由简到繁的研究规范,在简化研究过程的同时也更清晰地展示分析过程。

1.1 X+动词

本小节中,设"就"和"才"为变量 X。

根据最简原则,取不及物动词"来"为样本,将其代入最典型的四种功能句型,得:

(8) 祈使句:来!

(9) 疑问句:来?

(10) 陈述句:来。(来不来? 来。)

(11) 感叹句:*来!

唯感叹句不合格。在以上例句前插入主语"张三",得:

(12) 祈使句:张三来!

(13) 疑问句:张三来?

(14) 陈述句:张三来。(张三来还是李四来?)

(15) 感叹句:*张三来!

感叹句依旧不合格。以上例句可以涵盖现代汉语几乎所有能够成立的"光杆名词＋单音节光杆动词"的例句。这是一种最简结构(如果再减去其中某一成分则不成为结构)。抽象(8)—(15)发现,独词句"来"和其构成的主谓句的时体意义都是"未实现"。这可以通过问答测试来证明,也可以通过语感调查得到证明。问答测试：

(16) 问:张三来不来? 答:(张三)来。

(17) 问:张三来没来? 答:*(张三)来。

1.1.1 "就"＋动词。

以例(14)"张三来"为"基础样本"(或称为"基点""参照坐标"),加入变量"就"得：

(18) a 张三就来。

(18)是我们研究"就"的最简结构。它的时体类型可以通过疑问句测定：

(18) b 张三什么时候来？　　张三(这)就来。
　　　c 张三来没来？　　　　*张三(这)就来。

(18c)对话只有在严格的语境条件下才能成立,并依然表示未实现。该测试证明,从"张三来"到"张三就来"整句时体意义未改变。"就"与"未实现"时体意义和谐,或它本身也具有"未实现"的时体表达功能。

在基础样本(14)"张三来"上加入变量"了",得：

(19) 张三来了。

(19)中的"了"是"实现体"标记,表示"来"行为已经发生("未实现体"的理解需要条件)。因此"了"有将"未实现体"转变为"实现体"的功能。在(19)上加入变量"就",得：

(20) 张三就来了。① (张三怎么还不来？就来了,就来了,张三就来了！)

(19)变为(20),却从"实现"变为"未实现",同时实现体标记"了"变为语气词"了"(去掉"了"并不影响"体"意义,但语气发生改变),整句表达说话人主观上对时间量的态度:表示"来"即将发生,且与说话时间距离近。

以上操作表明,"就"在其最简结构(S 就＋V/V 了)中的功能为:表达"近时将要发生"。

1.1.2 "才"＋动词

在基础样本(14)"张三来"上加入变量"才",得：

(21) a 张三才来。②

(14)的时体意义为"未实现",(21)的时体意义是"已实现",这一时体意义的差别可以看作是由"才"引起的。下面进行结构扩展测试：

(21) b 张三才来,你让他歇口气。
　　　c 问:张三来没来？　答:来了,张三才来(的)。
　　　d 问:张三来吗？(或:张三来不来?)答:张三(＊才)来(的)。

问答测试表明,"才"在时间上指向距离说话和参照时间很短、很近的"过去",表示事件已经实现。

1.1.3 "就""才"在时体意义上的对立

以上"就"和"才"的时体对立可以通过添加过去时间词和将来

---

① (20)为独立使用的句子,其中的"就"不是连词性"就"。连词性"就"的例子如:a 只要你开口,张三就来。b 你来了之后,张三就来了。

② 例(21)为独立使用的句子时有歧义:1.表"刚来";2.表晚于预设时间。此处"才"非连词性"才",连词性"才"如:只有服药,病才会好。

时间词进行测试:

未实现体	实现体
1) a 张三就去。	b 张三才去。
2) a 张三马上就去。	b * 张三马上才去。
3) a * 张三刚刚就去。	b 张三刚刚才去。
4) a * 张三昨天就去。	b 张三昨天才去。

以上"就"字句与将来时间词兼容,与过去时间词冲突,表未实现的事件;"才"字句与过去时间词兼容,与将来时间词冲突,表实现的事件。

  5) a 张三明天就去。　　　　　b 张三明天才去。

问题 1:5a)、5b)并不构成句法对立,5b)中有"明天",句子合格。为什么?

理论假设 1:至少"才"可表示"最近过去实现"(记为"才$_1$")和"事件晚于预期时间"(记为"才$_2$")。

5b)表达的是"事件晚于预期时间",而不是过去发生的事件。证明的方法是将 b 类合格句末添加"实现体"标记句尾"了":

张三才去了。

张三刚刚才去了。

张三昨天才去了。

* 张三明天才去了。

理论上 1b)、3b)、4b)都是歧义句。

问题 2:为什么 2b)中将来时间词"马上"与"才"有语义冲突而 5b)中的"明天"与"才"不冲突?

理论假设 2:"才$_2$"的意义"事件发生太迟"与"马上"的词汇意义"很早/很快"冲突,但却不与"明天"冲突。

实际上,以上例句左栏"就"也同样存在预期:比默认参照点早、少、快。

小结:"就＋动词"最简结构表达未实现的"近期将要发生的事件";而最简结构"才$_1$＋动词"表达"近时已经发生";"才$_2$＋动词"表达"事件晚于预期时间"。"就"和"才"在时间上的距离是由说话人主观认定的。

1.2　X＋数量词

1.2.1　"就"＋数量词

取"四十岁"和"一万块"为样本,加入变量"就",得:

(22) 就四十岁

(23) 就一万块

(22)(23)有歧义。歧义一表达"恰好"的意思,其数量成分不表达主观量。严格说(22)和(23)不能独立成句,只在类似下面的结构中出现:

a 你要四十岁的吗?我们这里的张三今年就四十岁。[①]
b 你要价位适中的我们也有,靠墙的那套家具就一万块。

歧义二:表示主观少量。可做结构扩展证明:

c 他怎么就死了呢?就四十岁呀!
d 这辆二手的,就一万块。

两种意思的重音落点不同。歧义一重音落在"就"前面的成分上,歧义二重音落在"就"以及后面的成分上。有关"就"重读较为详细的实验分析可以参看徐以中、杨亦鸣(2010)。

[①] 浙江师范大学郑连忠老师指出,这里的"就"可以扩展为"就是",意思不变。证明此处的"就"表示举证。

"就"可表"主观少量"的另一个证据是可以和表少量的副词"仅仅"组合,二者表现和谐。①

1.2.2 "就"+ 数量词 +"了₃"②

先区分两类量:一类是物量,另一类是序列量。物量通常用数量词表达;序列量有些可以用数量词表达(如"三十岁""40 号""9 层"),有些用序列名词表达(如"大姑娘""副教授""五月")。空间位移的量也可看作抽象的序列量(移动序列)。物量后接"了₃"表示到说话时间物体数量变化后达到的量(可能表示增加到这个量,也可能表示减少到这个量)。序列默认某种自然的排列,因此序列量后接"了₃"默认表达按序列排列到达某个序列点。如:

(24) a 一万块了　　　b 三页了
(25) a 三十岁了　　　b 大姑娘了

(24)表达物量,只表达变化到这个量,没有表示变化的方向;(25)是序列量,默认表达序列上由低到高的变化。现在分别在它们前面加上"就",得到:

(26) a 就一万块了　　b 就三页了　　(物量)
(27) a 就三十岁了　　b 就大姑娘了　(序列量)

(26)有歧义。歧义一表示达到这个量,歧义二表示"主观少量"。歧义一只在类似下列的结构中出现:

　　a(再存/花一千块)就一万块了。　b(再写几行/撕掉一页)就三页了。

歧义二是"就"典型的副词用法,表示主观少量,结构可以独立,如:

---

① 郑连忠将"仅仅就"放入引号作为 exact phrase 搜索,2011 年 11 月 21 日通过 Google 找到"约 1,160,000 条结果(用时 0.24 秒)"。

② "了₃"也就是句尾"了"。

a 就一万块了。(意思:就剩下一万块了)　b 就三页了。(意思:只剩下三页了)

我们再看表示序列量的(27)。(27)无歧义,仅表示达到某个阶段量,该结构也无法独立,只能在类似下列的结构中出现:

a(张三明年)就三十岁了。　b(一晃眼这孩子)就大姑娘了。

这里的"就"不能重读,如果重读,例子无解。副词"就"的核心意义是表示小量,而"序列量＋了$_3$"表示增加到某个阶段,即由小到大、由低到高,这个意义与"就"的核心意义形成冲突,因此"就"不能重读。

1.2.3　"才"＋数量词

同样取"四十岁"和"一万块"为样本,加入变量"才"得:

(28) 才一万块。　(物量)
(29) 才四十岁。　(序列量)

以上两例均无歧义,都表示说话人主观上表达的"少量"。有意思的是:1)以上两例中的"才"都可以重读;2)都不能后接"了$_3$"。如前所述,如果序列量接"了$_3$"只表达序列量的增加,而"才"表示的是少量,因此二者语义冲突。如果物量接"了$_3$"表达的是变化到这个量,在数学上依旧是量(可以是负数量)的增加,而"才"只表达相对的少量,也形成冲突。比较:

a 张三明年就三十岁了。
b 张三明年才三十岁(＊了)。

a 表达从小量变化到一个大量,句尾"了"报道这一新情况;而 b 则为一个期待中的状态,达到这个量已在情理之中,无报道价值。(详见下)

1.2.4　小结

"就＋数量词"有歧义:1)表示"恰好",结构不能独立;2)重读,

"强调少量",结构可以独立。在"就＋数量词＋了$_3$"的结构中,如果是物量,有歧义:歧义一表示达到某个量,"就"不重读,结构不能独立;歧义二表主观少量,"就"重读,结构可以独立。如果是序列量,无歧义,表示达到某个阶段量,"就"不重读,结构也不能独立。

"才＋数量词"无歧义,表示说话人"强调少量",结构可以独立使用,但该结构无法后接"了$_3$"。

1.3 X＋名词

1.3.1 "就"＋名词

取人名"张三"和事物名词"书"为样本,加入变量"就",得:

(30) 就张三。

(31) 就书。

这两个例子有歧义。歧义一"就"不重读,将(30)(31)代入句子测试其整体功能:

> 甲:你找张三吗? 看,屋子里就(是)张三。
> 甲:你找书吗? 桌子上就(是)书。

以上"就＋名词"的交际功能为:客观报道或举证。但"就"也重读可表主观低量,即歧义二:

(32) 现在他们办公室就张三(了)。这么多活儿,肯定无法完成。

(33) 屋子里就书(了),再拿就面徒四壁了。

以上例子的歧义解读中,歧义一的解读,"就"一般不重读,该结构独立性极差,很少或几乎无法独立使用,而歧义二的解读"就"可重读,结构独立性较强。

1.3.2 "才"＋名词

取人名"张三"和事物名词"书"为样本,加入变量"才",得:

(34) ＊才张三。
(35) ＊才书。

二例均不合格。"才"无法与光杆名词直接组合为最简结构。可以假设这主要是由"才"的基本属性或核心意义"过程性"[①]引起的。一般名词不具备过程性，因此无法与主要用来表达过程变化量的"才"组合。由于序列名词具有过程性，因此"才"在序列名词结构中可以成立：

    a 老张讲师。   b 老张才讲师。
    a 今天星期二。   b 今天才星期二。
    a 他高中生。   b 他才高中生。

以上例子证明"才"表达过程中的主观低量。"才"还可以与具有量级的单位组合，如数量词（见 1.2），如：

    a 三本书。   b 才三本书。
    a 六个人。   b 才六个人。

因此"才"的主观量意义要比"就"更明显，这一特征导致它很难与完全中性的普通名词组合（如例 34、35）。

问题 3："就"和"才"与数量名组合均表示小量，二者间的区别何在？从上面的测试和分析可以看出，"就"结构有歧义，可能不表主观少量，"才＋数量"无歧义。这可以从下面的例子中看出：

(36) 这只包就一百块。
(37) 这只包才一百块。

(36)主观量的主观强度不及(37)显著，因为(36)有歧义，可能表达"恰好"或"举例证明"的意思，而(37)仅表达主观少量。

[①] 参见第九章中对"才"的意义的考据和解释。

2 "就"和"才"扩展结构描写

2.1 扩展式1：主语＋X＋数量＋"了$_3$"

在样本(22)上添加主语,使数量短语直接作谓语,得：

(38) 张三就四十岁。

歧义在(38)中依旧存在(举证或主观小量)。在(38)上添加句尾"了$_3$",得：

(39) 张三就四十岁了。(明年张三就四十岁了)

(39)无歧义,表达说话人认为"张三年纪不小了"的主观量。
问题4：为什么(38)表小量,(39)表大量？这个问题与"了$_3$"的性质有关。我们稍后具体讨论。

在样本(29)上添加主语,使数量短语直接作谓语,得：

(40) 张三才四十岁。

结构无歧义。在(40)上添加"了$_3$",得：

(41) *张三才四十岁了。

问题5：为什么(40)合格而(41)不合格？先看例子：

(42) a *张三昨天就去。　　　b 张三昨天才去。(歧义)
(43) a 张三昨天就去了。　　　b *张三昨天才去了。[①]

下面依次进行删除操作。在(42)a上删除"昨天",得：

(44) *张三昨天就去。→张三就去。(合格,"昨天"起作用)

在(42)b上删除"才",得：

---

① 在这里讨论的是"才"表示"晚",因而此句不合格。若表示"刚刚"则是另一个问题。

(45) 张三昨天才去。→ *张三昨天去。(不合格,"才"起作用)

在(43)a 上删除"了",得:

(46) 张三昨天就去了。→ *张三昨天就去。(不合格,"了"起作用)

在(43)a 上删除"就",得:

(47) 张三昨天就去了。→ 张三昨天去了。(合格,"就"不起作用)

在(43)b 上删除"才"得:

(48) *张三昨天才去了。→ 张三昨天去了。(合格,"才"起作用)

根据以上操作,假设 1)"就 VP 了"中"就"与"了$_3$"的使用无关(见 47 的操作),过去时间词是使用"了$_3$"的充分条件(见 44、46 的操作);假设 2)"才"与"了$_3$"不相容选择(见 46、48 的操作)。

证明假设 1:过去时间词是使用"了$_3$"的充分条件(设过去时间词为 p,"了$_3$"为 q):

+p　+q：张三刚才/昨天/上个星期/上个月/去年看了。
+p　-q：*张三刚才/昨天/上个星期/上个月/去年看。
-p　+q：张三看了。
-p　-q：张三看。

但是假设 1 受到下面例子的证伪:

(49) 张三昨天去了上海。("了$_1$"而非"了$_3$")
(50) 张三上个星期买过一只 LV 包。("过"而非"了$_3$")
(51) 张三上个月说李四坏话来着。("来着"而非"了$_3$")

修正假设 1:过去时间词蕴含实现体标记。["了$_1$、过、来着"均

为实现体中的已然体,"了$_3$"为实现体中的起始体。(金立鑫,2004)]

证明假设 2:"才$_2$"与"了$_3$"不相容选择:

才　了
———————————————

＊张三昨天才去了。
　张三昨天才去＿。
　张三昨天＿去了。
＊张三昨天＿去＿。

问题 6:为什么"才$_2$"与"了$_3$"在此不相容析取?

基于"了$_3$"事实的理论假设——先观察事实:

(52) a 下雨＊(了)。　　b 打雷＊(了)。

(53) 校门口出车祸＊(了)。

(54) 张三被开除＊(了)。

(55) 李四昨天回上海＊(了)。

以上事实表明,"了$_3$"有新闻性(或意料之外,或突发事件),并有完句功能。现在可以回答上面的问题 6 为何"了$_3$"与"才$_2$"不兼容:"才$_2$"句的事件在意料之中,无新闻性,与"了$_3$"的新闻性表意功能不相容。根据以上假设,下面的例子同样可以得到解释:

(56) a 张三明天就去(了)。　　　　b 张三明天才去(＊了)。

(56)a"就"表早于预期,"了$_3$"有新闻价值;(56)b"才$_2$"句的事件在意料之中,与"了$_3$"的新闻性表意功能冲突。

2.2　扩展式 2:"主语＋动词＋宾语＋X＋数量＋了$_3$"及结构变换

在样本(38)中的"就"之前插入动宾短语"当局长",得:

(57) 张三当局长就四十岁。

如果设定(57)中的"就"重读(如果"就"轻读,一般表达"恰好"或举证的意义,暂略不论),该句与"张三当局长才四十岁"意义相近。表示"当局长时"张三还年轻。现在对(57)进行结构变换:

(58) 张三四十岁就当局长。

虽然(58)中的"就"不重读,但基本意义与(57)相同,动词前后成分的变换没有影响意义。但如果在(57)上添加"了$_3$",得:

(59) 张三当局长就四十岁了。

问题7:(即前面的问题4)为什么(59)的主观量意义与(57)(58)相反?

显然这直接与"了$_3$"相关。

请回到前面"了$_3$"的基本功能:新闻性。新闻性是从"新情况"推导出来的,新情况是从"起始体"推导出来的。

假设:任何一个"数量+了$_3$"表示达到该量。默认的是从小到大,从低到高的量变化(从大到小也可以,都是达到某一取值量,岁数是由小到大取值)

因此,"就四十岁了"结构为[就 [四十岁了]],而非[[就四十岁] 了]。

由此(59)的解读为:"强调自然增长到四十岁的量"——大量。但是问题8来了:

(60) 就 40 个。

(61) 就 40 个了。

这两个例子都表小量。

问题8.1:为什么例(59)表大量,而例(60)(61)表小量?问题8.2:例(60)和例(61)的区别是什么?

回答问题8.1要先看下面的例子:

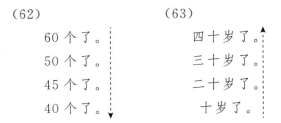

两组的共同之处是都表达一个"趋势量",都是趋势上达到一个相对量。例(62)是所谓的"负增长"所达到的"负大量"①。要凸显"40个"之少,使用"就":"就40个了。"因此,结构层次也为[就[40个了]]。

回答问题8.2要先看下面的例子:

(64) 他到河边了,他脱鞋了,他脱袜子了,他卷裤腿儿了,他下河了,他朝我们这边泮过来了。

(65) ?他到河边,他脱鞋,他脱袜子,他卷裤腿儿,他下河,他朝我们这边泮过来。

例(64)是典型的"新闻报道",不断报道新情况。例(65)可接受度低。

(66) a 下雨了。b 我饿了。c 他明白了。d 我不想去了。

例(66)一组例子都表示最新情况的报道。

例(60)表达的是一个静态的绝对量的"少",例(61)表达的是变化中所达到的一个趋势量(负大量)。例(60)的"就"是基本义"少量"的表达,例(61)是"就"引申义"直接、强调"的用法。

如前所述,"了₃"表示的是变化达到某种状态。在"数量词+了₃"结构中,"了₃"表达变化到该数量词所表达的量。而"四十岁"实际上是一个序列量,因此表达的是由低到高变化所达到的量。

---

① 即负数的绝对量。

该结构从"由低到高"中推衍出大量或高量。即使实际上为小量或低量的序列点位上使用"了₃",也会表达大量或高量,例如:我儿子10个月了;他女儿小学生了。

2.3 "就"与"才"在扩展结构中的对立

先看"就"。

现在将(59)变换为(67):

(59) 张三当局长就四十岁了。

(67) 张三四十岁就当局长了。

(67)的命题意义、主观量与(59)相反,如前文所举例子(4)a和(4)b所构成的对立一样,意义也同样相反。

再看"才"。在样本(40)"才"之前插入动宾短语"当局长",得:

(68) 张三当局长才四十岁。

将(68)作结构变换,得:

(69) 张三四十岁才当局长。

(68)的命题意义与(69)相反。

下一小节对以上"就"与"才"在扩展结构中的对立作出统一性解释。

3 对"就""才"扩展结构的形式抽象

对语言描写得到的结果是"整齐的事实",而整齐的事实蕴含着"规则",从不同视角抽象所得到的规则可能大相径庭。以往观察类似(59)(67)(68)(69)这类结构,由于数量词分处于"就"和"才"的两边,很容易将注意力集中到前后移动的数量词上,这是成分位置变化或移动对研究者关注焦点的影响。这种影响很容易使研究者误入歧途,从而抽象出因成分和位置的不同而表达不同意义的"规则"。这种规则抽象度过低,类似"就事论事"的说明,如朱德熙(1982:199):

(70) 结婚才十八岁。(原例:才十八岁就结婚了。)
(71) 十八岁才结婚。

朱先生认为"'才'放在时间词语之前表示时间早,放在时间词语后头表示时间晚"。这也是将"才"作为移动的成分来观察的结果。

现在我们将抽象视角定位在"位置不变"的"就"和"才"上,"就"和"才"之前的成分用 X 代替,之后的成分用 Y 代替。由此可得到两个抽象结构式:

$$X 就 Y 了$$
$$X 才 Y$$

观察(59)(67)(68)(69)可以发现:"就"前的成分表示低量,"就"后的成分表示"高量",是说话人预期的低量和高量之间的比较。同理,"才"前的成分表示高量,"才"后的成分表示"低量",是说话人预期的高量与低量之间的比较。可以小结如下:

X 就 Y 了 = 低 X 就高 Y　　简化为:低—就—高
X 才 Y = 高 X 才低 Y　　简化为:高—才—低

由此,我们可以用"低就高了"(前低比后高)及"高才低"(前高比后低)对相关构式做统一解释,同时验证该规则。将 X 和 Y 代入其他各种相应的成分,使 X 和 Y 之间表达数量之间的可比关系:

(72) 七点就起床了。("七点"为低量,整体结构:低—就—高)
(73) 起床就七点了。("起床"为低量,整体结构:低—就—高)
(74) 七点才起床。("七点"为高量,整体结构:高—才—低)
(75) 起床才七点。("起床"为高量,整体结构:高—才—低)

(76)三块钱才吃了一碗米粉。("三块钱"为高量,整体结构:高一才一低)

(77)一碗米粉才吃了三块钱。("一碗米粉"为高量,整体结构:高一才一低)

如果违背以上构式义,语句会极不自然,如下例:

(78)?十八岁就上小学。

(十八岁才上小学。)

(79)?苦苦等了十多年就见到他。

(苦苦等了十多年才见到他。)

(80)?两千多块人民币就买了个优盘。

(两千多块人民币才买了个优盘。)

(81)?这孩子五岁才上小学二年级。

(这孩子五岁就上小学二年级。)

(82)?天还没亮他才下地了。

(天还没亮他就下地了。)

(83)?花了三块钱他才解决了午饭。

(花了三块钱他就解决了午饭。)

以上的主观量是通过"就"和"才"及其特定结构式来表达的,是有条件的。这一特定结构式所表达的意义经不住词汇意义或其他语境成分的压制。在特定词汇意义或语境意义的压制下,结构式意义可能被消除。如:"这块表贬值到就剩下一万块了。"由于受动词"贬值"和"剩下"的词汇意义的冲击,该结构只表达小量而不可能是大量。其中的"就"可用"只"来替换,意义不变。

4 小结

"就"的核心意义为空间小量,直接修饰名词或数量短语表达少量或举证(参与对比的两事物相近),修饰动词表示时间的低量(如"就来")。"才"的核心意义为过程性低量(如"才来")引申用于时间短语或数量短语表示减少到特定量(如"才三点""才一块钱")。

在只有一个参项的最简结构中,"就"在动词前表示未然但即将实现的短时义(如"就来"),在名词短语前和数量短语前有歧义。若不重读,表示"恰好",不能独立使用;若重读,强调少量,结构自足。"就+数量词+了$_3$"结构中,如果数量词是物量,则有歧义:歧义一表示达到某个量,"就"不重读,结构不独立;歧义二表主观少量,"就"重读,结构可以独立。如果是序列量,无歧义,表示达到某个阶段量,不重读,结构不独立。

"才"在动词前通常表示已然的短时义(如"才来"),在其他词前表示少量(如"才三点""才一块钱")。虽然在只具备单项式的结构中"才"和"就"都表示低量,但"才"的主观量意义比"就"显著、稳定。

"才+数量词"无歧义,表示说话人"强调少量"的主观情态。该结构因低于预期而"无报道价值",所以无法后接"了$_3$"。

在具有前后两个参项的结构中,"X 就 Y"结构意义不确定。X 重读表示 X 为小量,"就 Y"重读表示 Y 为小量。"X 就 Y 了$_3$"则具有"低 X 就高 Y 了$_3$"的构式意义。"X 才 Y"具有"高 X 才低 Y"的构式意义。

"低 X 就高 Y 了$_3$"和"高 X 才低 Y"抽象统一了前后两项结构的"X 就 Y 了$_3$"和"X 才 Y"结构在语义上的对立。

科学研究的重要目标之一是发现研究对象背后隐藏的规则。规则是通过研究者的仔细描写和抽象得到的。语言学与其他经典科学并无二致,其研究过程必须是可观察的。一项研究即使其结论正确而过程不可观察,这样的研究也是不可接受的。语言学研究如果定位在"科学"范畴,则应坚持科学的基本原则,尤其是研究方法上的基本原则——任何结论都必须经过证明,证明过程必须可见、透明,有步骤、可推导,且合乎逻辑。

思考与练习

1. 名词解释

1)最简结构;2)主观量

2. 练习题

请用分布分析法描写下列词语的差别,并证明这种差别的客观性。

1)一时、暂时

2)幸亏、幸好

3)本来、原来

4)仍然、还是

5)自从、自

6)根据、按照

第八章　句法成分之间的兼容性描写[①]
——以"就/才"与"了"的兼容关系为例

0　引言

句子是由多个句法成分组成的一个综合形式,句子中的某些句法成分可能与句子中的其他句法成分相互牵扯,这就涉及句法成分之间的关系,其中包括它们之间是相互兼容还是相互排斥,在何种条件下兼容,以及在何种条件下排斥,等等。凡与此相关的问题都是语法学家必须关注的,语法学家必须将其中的各种互相牵扯关系描写清楚,这也是句法分析所要完成的任务。唯其如此,我们才能对一个句法结构作出清楚的解释。本章在前一章的基础上,继续描写与"就"和"才"相关的句尾"了"对该结构的语义表达和功能表达的影响。

1　问题的提出

在本书的上一章中我们讨论到下面的例子:

(1) a 张三昨天就来上海了。　　b *张三昨天就来上海。

(2) a *张三昨天才来上海了。　　b 张三昨天才来上海。

以上两个例句命题基本相同,核心意义是"张三昨天来上海",

[①]　这一章是与于秀金教授合作完成的。

但(1)a使用副词"就"和句尾"了"句子合格,而(1)b没有使用句尾"了"句子不合格;相反的是,(2)a使用副词"才"和句尾"了"句子不合格,而(2)b没有使用句尾"了"句子合格。有学者(岳中奇,2000;范立珂、陈忠,2009)认为例(1)和(2)是否可以使用句尾"了"与"就"和"才"相关。Lai(1995:104－109)认为"才"和句尾"了"在事件发生时间的预期上是冲突的,"才"表示事件发生的时间晚于预期,而句尾"了"则表示事件的发生早于预期;"就"表示事件的发生早于预期,这一性质与句尾"了"相似,因此"就"与"了"兼容,而"才"却不。祝东平、王欣(2008)有不同的观点,他们认为"'就'字句中'了'的隐现与其中动词的自主性、非自主性相关;'才'字句中一般不出现'了',是因为'才'已经表示'实现义'"。

　　针对前人的研究,我们的问题是:一、句尾"了"与"就"和"才"是否存在必然相关性? 如果没有,是什么因素导致了例(1)和(2)的差异? 二、为何(1)a表示事件的发生早于预期? 如"他吃(了)一个苹果了"并没有预期时间。三、"才"在何种条件下表示实现义? 如"他明天才来"中的"才"并没有表示实现意义。我们试图回答以上问题。

　　我们遵循实验室原则,将预期时间(Preset time,记作 P)与Reichenbach(1947:287－298)提出的事件时间(event time,记作 E)、说话时间(speech time,记作 S)和参照时间(reference time,记作 R)进行定位描写,对"就＋VP"句和"才＋VP"句中"了"的使用规则作出比 Lai(1995)更清晰的描写和解释。结论支持并修正了 Lai 有关"才"与"了"冲突的解释,同时部分支持有关学者"就"句中"了"的出现与"就"无关的结论,也证伪了其"'了'的隐现与其中动词的自主性、非自主性相关"的结论。我们的讨论仅限于与表达时间预期相关的、或表达预期主观量相关的副词"就"和"才",关联性副词不做讨论,如:"你必须有足够的理由才能说服他""你去我就去"。

2 "了"与"就"的语法语义功能

2.1 词尾"了"和句尾"了"的属性

Li et al. (1982:28—37)将句尾"了"的表义功能定义为指示发生的事件或状态与参照时间相关,即"当时相关状态"(currently relevant state,CRS),其中包括下列五种情况:

A. 状态的改变(Change of State)
B. 纠正一个错误的假设(Correcting a Wrong Assumption)
C. 报告最新情况(Progress So Far)
D. 确定下一步做什么(What Happens Next)
E. 结束话语(Closing a Statement)

有关这一表述金立鑫、邵菁(2010)曾提出过批评。金立鑫(2003)将句尾"了"的功能定义为"起始体",表达"进入事件结束后的状态"或者"某状态的开始"。如下图:

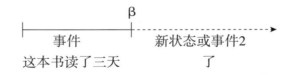

时点 β 左边是词尾"了",表达"结束",时点 β 右边是句尾"了"表达"起始"。这两个"了"在时间轴上得到了统一解释,详见下。通常所谓"新情况"或"状态的改变"都是由这一基本时体意义推导出来的。句尾"了"的"起始"意义主要由两类句法形式来体现,一类由提出事件本身来体现,另一类则通过事件的推导得出。请看下面两个较为典型的例子:

(3) 张三明白了。

(4) a 这本书读了三天。　　b 这本书读了三天了。

例(3)是说"明白"这一状态的开始,它蕴含"不明白"的结束,这类例子还包括"下雨了""开饭了"等,这是由动词和句尾"了"直接提供的。例(4)a一般表示读完了,但例(4)b则一般理解为还没读完,通常是说这本书已经读了三天还没读完,现在进入第三天后的状态(开始读第四天)。我们将句尾"了"表现新状态(或事件)的开始记作 Ei。(4)b中句尾"了"是典型的起始体标记,从起始义衍推到"新闻报道",再由新闻的"出乎意料"衍推到语气词,一般情况下,可转写为"啦"。且时体意义无变化的句尾"了"接近语气词,因此句尾"了"的语义功能大致可概括为:

起始(体标记)——新闻报道(出乎意料)——语气(词)

与句尾"了"相对,词尾"了"表示事件的结束(金立鑫,2002b),它指示的是事件过程的尾部(记作 Ef)。词尾"了"和句尾"了"具有逻辑上的统一关系:一事态的开始蕴涵另一事态的结束,即逻辑上 Ei 比较明显地倾向蕴涵 Ef,而反过来则不一定,如上例(4)a 并不意味第四天的开始,而例(3)则意味着"不明白"的结束。时轴上同一个时位 β 的前后,时位前的"了"是封闭的,时位后的"了"是开放的,通常它一直指向说话时间或"当时",即 Li et al.(1982)所言的"当时相关状态"。再看下面的例子:

(5) a 张三昨天到上海了。
　　b 张三昨天就到上海了。
　　c 张三昨天到了上海。

(5)a 和(5)b 都有"新闻报道"的色彩,差别在于(5)a 并没有预期时间,而(5)b 则有一个预期时间(昨天之后的某一天)。(5)c 是在陈述客观事实,缺乏"新闻报道"的色彩。(5)a 和(5)c 的差别可通过下例(6)的比较得到:

(6) a 张三到河边了,他脱鞋了,他下水了,他过河了。
　　b 张三到了河边,他脱了鞋,他下了水,他过了河。

如果作为新闻报道,尤其是现场报道,只能使用例(6)a。相反(6)b只是对四个独立事件进行客观陈述。这是词尾"了"和句尾"了"最重要的差别。我们将用这一差别解释句尾"了"和"就"与"才"的组配限制关系。

2.2 "就"的预期时间

前文(5)a没有"就",(5)b多了一个"就",如果它们之间有差别,可假设这个差别主要是由"就"引起的,同时也可假设这种差别也是"就"的表达功能。语感上表明,(5)b隐含了说话人预设的常规状态下事件发生的时间,或者说话人预期事件发生的时间,而事件真正发生的时间早于说话人预期的时间。在这种状态下,说话人如果要表达事件早于预设时间,就使用"就"。这一语感可以通过下面的扩展操作得到证明:

(7)?会议明天开始,张三昨天到上海了。
(8) 会议明天开始,张三昨天就到上海了。

Reichenbach(1947)定义了三个时间点:事件时间(E)、参照时间(R)和说话时间(S)。我们再增加一个操作工具——预期时间(P),用它来分析具有说话人主观预期或设定时间参照的结构。如例(5)a的事件时间E与参照时间R重叠,并且均位于说话时间S之前,而例(5)b多了一个预期时间,且在"昨天"之后,可以是说话时间S或以后某一天,(5)a和(5)b可分别图示如下:

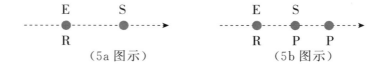

3 "就"与句尾"了"的关系

如果直接从例(1)和例(2)来观察,我们很容易误入这两个句式给我们设下的"整齐对应"的圈套。研究者的注意力很容易集中在"就"与"了"和"才"与"了"之间的关系上。我们曾经指出,非最简结构中由于同时存在其他结构成分,有时很难把握某些结构或成分在抽象该结构的某些概念或范畴时是否起作用,因此也很容易将其他成分的意义或结构整体的意义归结到某一特定成分上。因此,一个较为简单的方法是从最简结构开始进行描写,因为"最简结构最'干净',没有其他成分的干扰,最容易观察到'起作用的因素',因此也最容易抽象出观察对象的本质特征"(金立鑫,2012)。下面我们从最简结构开始,对含有"就"以及句尾"了"的句子分别作出结构描写。请看例子:

(9) (让)张三来上海。

例(9)是我们设定的一个最简结构,表达未实现事件,独立使用多为祈使句。我们在例(9)上添加"就",得:

(10) 张三就来上海。(此处的"就"不作"执意"解,作强调"时间近"解)

例(10)表示在说话时刻张三还没到上海。时体类型上与(9)相同。但(10)比(9)多了一个预期时间(预期的时间应该稍晚)。我们将(10)描写为:S—E—P(说话时间＞事件时间＞预期时间)。

根据(10)我们可以推论:"就"不是使用句尾"了"的充分条件,句尾"了"也不是使用"就"的必要条件。

在(10)上添加句尾"了",得:

(11) 张三就来上海了。

例(11)作为短语结构没有问题,但作为独立的句子有歧义。歧义一是表示未实现,即,将来很短的时间内即将发生的事件,时间关系、意义与(10)同[见下文(20)和(21)的讨论]。此处的"了"为语气词,因为它的使用与否并不影响句子的时体意义。歧义二

是表示实现,但通常不能单独成句,必须以作后续句为条件:

(12) a 说到张三/b 你还没到/c 刚出了车祸,张三就来上海了。

例(12)中的"了"无法删除,是较为典型的时体标记。(12)中的前分句标示了后分句的参照时间。(12)a 中的参照时间与"张三来"事件时间重合,但预期"来"的时间应该晚一些,所以其时间结构是:RSE_i-P;(12)b 参照时间在"张三来"之后,因此是:$E_i-R-S-P$(P 还可与 S 重叠或在 R 和 S 之间);(12)c 参照时间在"张三来"之前:RE_i-S-P(P 还可与 S 重叠或在 E_i 和 S 之间)。汉语中,参照时间与说话时间重叠或在说话时间之前,需要有"了"标注(下面还要讨论到)。这三个例句有一个共同点,即预期时间都在参照时间和事件时间之后,这是后分句中的"就"设定的。

以上分析表明,无法删除句尾"了"的"就"字句,都有一个"过去"的参照时间点(参照时间在说话时间之前),同时,它们的 E、R 都在 P 之前。

现在我们初步的结论是:"就……了"表达事件发生在预期时间之前,事件时间与预期时间的关系为 $E-P$。S 和 R 的位置决定是否使用句尾"了"来标示,即当 R 在 S 之前或与 S 重叠,需要使用句尾"了"。如:"他昨天到上海了"中,参照时间是"昨天",说话时间是说话的"现在"。

我们继续,在(10)上添加不同方向的时间词"昨天"或"明天",得:

(13) 张三明天就来上海。

(14) *张三昨天就来上海。

在时间关系上,我们可以把(13)描写为:$S-RE-P$,(14)描写为:$RE-S-P$(也可以是 $RE-SP$)。(13)合格而(14)不合格,问题在于(13)的 S 在 RE 之前(参照时间为"明天"),而(14)的 S 在 RE 之后。可以推断,(14)的不合格是因为一个过去发生的事件(RE 在 S 之前)却使用了一个未实现的句法形式,这与是否使用"就"无关。证据之一就是删除"就"句子依旧不合格(＊张三昨天来上海)。因此汉语中如果是 RE－S 的时间结构,则必须使用实现体的标记形式。

我们在不合格的(14)上添加实现形式"了",得:

(15) 张三昨天就来上海了。

例(15)的时间结构是 REi－S－P(或 ER－SP),Ei 是由句尾"了"赋予的,它表示进入某种状态,并且说话人认为这种状态值得报道(超出了听话人的预期时间)。这一例子的时间结构 REi－S－P 中的 P 是由"就"定义的,它预设"张三来上海"的时间应该晚于"昨天"。换句话说,事件真正发生的时间早于预期时间。一个早于预期时间发生的事件,这一事件相对听话人来说具有新闻价值。现在可以确定:(1)"就"表达了早于预期时间发生的事件;(2)句尾"了"表示事件具有可报道性或新闻性。一件早于预期时间发生的事件是出于意料、值得报道的。这两个因素具有理据上的一致性,共同构成"早于某一预期时间点上的事件发生了",这也是"就"和"了"组合起来所得到的意义。从认知心理上讲,"就"的预期时间"后向蕴涵",与句尾"了"的实现状态"后向蕴涵"(起始体)呈一致性。如果将句尾"了""就"以及词尾"了"均看作一元算子(unary operator)的话,从辖域上看,这三者的辖域大小为:句尾"了"＞"就"＞词尾"了",一元算子为前置算子(prefix operator),对嵌有多个前置算子的逻辑式来说,越靠近左边的算子其辖域就越大(蒋严、潘海华,2005:141),可图示如下:

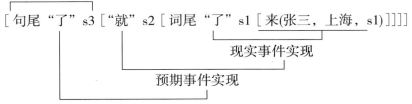

预期事件实现和预期事件实现后状态兼容

上图逻辑式中的 s 表示情状变量(situation variable)，三个算子词尾"了""就"及句尾"了"分别约束三个不同的情状变量 s1、s2、s3。根据"空量化禁止律"(Prohibition against Vacuous Quantification)(De Swart,1993;Chomsky,1982;胡建华、石定栩,2006)，一个算子或量化语必须约束一个情状变量，如"*他常常吃了一个苹果"可表示为[*常常[词尾"了"s[吃(他,苹果,s)]]]，其中算子"了"优先约束了情状变量 s，从而使副词算子"常常"无情状变量可约束，因而句子不合格。在上图中，算子词尾"了"优先约束了其辖域内的情状变量 s1，即"现实事件实现"；而副词算子"就"的辖域内并不存在另一变量，变量 s2 是副词算子"就"本身引入的，并加以约束，即"预期事件实现"，这一点与副词算子"常常"不同；同样，算子句尾"了"的辖域内也不存在另一变量，变量 s3 是句尾"了"引入的，并加以约束，即起始体所隐含的"预期事件实现后的状态"。"预期事件实现"和"预期事件实现后的状态"在语义上完全兼容，也就是说，"就"和句尾"了"分别引入的情状变量 s2 和 s3 没有冲突。同样，词尾"了"所约束的其辖域内的变量 s1 表示"现实事件实现"，其与"就"引入的变量 s2 所表示的"预期事件实现"在语义上也无冲突。以上分析遵守了"空量化禁止律"，即不会出现"就"和句尾"了"的"空量化或空约束"现象，同时也说明了"就"与句尾"了"在语义上的兼容性。

以往的一些推论是，"就"的使用在表达实现事件中需要"了"。这个结论不仅不完备，而且很容易误导我们将"就"看作使用"了"的充分条件。实际上"就"既不是使用"了"的充分条件也不是使用"了"的必要条件。以下我们略做证明。

下面(16)和(17)表明"了"与参照时间和事件时间相关：

(16) a 张三来上海了。　　b 张三昨天来上海了。

(17) *张三昨天来上海。

(16a)SREi 和(16b)REi－S 都是实现的事件。有意思的是

(16)中的句尾"了"一直指向说话的时间,即直至说话时,"张三还在上海"。这也是句尾"了"作为"起始体"的解释力所在。汉语在"实现"和"未实现"两个范畴的表达上,"未实现"用的是无标志形式,"实现"用的是有标志形式(比如"了")。(17)的不合格是因为表达一个实现的事件却使用了未实现的形式,这在逻辑上形成冲突,其与(14)的不合格原因相同。(17)既然表达了事件的实现,则应该使用"实现"标志"了"。

以下继续,在(17)和(16)b 上加入"就",我们只能得到上面举过的(14)和(15):

(14) *张三昨天就来上海。
(15) 张三昨天就来上海了。

对比(14)和(15)、(15)和(16)b 一个必然的推论是,"了"与表达过去的参照时间相关,再根据前面(11)的证据,可以得到结论:"就"与"了"之间不存在必然相关性。至此,我们可以回答为什么类似(1)这样的例子必须使用"了":这与是否使用"就"无关,而与"过去"的参照时间有关。但是下面的例子需要解释:

(18) a 张三明天就来上海了。　　b 张三明天要来上海了。
(19) a 李四明年就毕业了。　　b 李四明年要毕业了。

请注意,(15)中的"了"是必须的,(18)a 和(19)a 中的"了"都是可选的。(15)的时间关系是:RE－S－P,句尾"了"是针对整个命题而言的,由"起始体"推出报道新情况(或新闻)的语气。如果(18)a 和(19)a 没有句尾"了","报道新情况"的含义消失了,但预期时间还存在,是晚于"明天"或"明年"的任何一个时间点。(18)b 和(19)b 的句尾"了"也是可选的,如果没有句尾"了",它们的时间结构都是:S－RE,没有预期时间。如果有句尾"了",那就可以推出"报道新情况"。(18)b 和(19)b 的句尾"了"也是针对整个命题而言的,与"就"无关。(18)和(19)中的句尾"了"都是语气词。语气词和时体标记的最大差别在于,删除语气词"了"句子合格且不影响体意义,删除时体标记"了"的句子要么不合法,要么改变体意义。请看下面的删除法操作:

(20) a 张三明天就要来上海(了)。 c 张三明天就要来上海。
　　 b 张三明天要来上海(了)。　 d＊张三明天来上海了。
(21) a 李四明年就要毕业(了)。　 c 李四明年就毕业。
　　 b 李四明年要毕业(了)。　　 d＊李四明年毕业了。

上述两例中的 b 例删除了 a 例中的"就"保留句尾"了",句子合格,而 c 例删除了 a 例中的句尾"了"保留"就(就要)",句子合格,证明"就"与句尾"了"之间没有必然关系。但是 d 例中删除了"就要/就/要"而保留句尾"了",句子不合格,而如果进一步删除"了",句子合格:

(22) a 张三明天来上海。　 b 李四明年毕业。

这说明,如果在(22)a 和(22)b 上添加句尾"了",那就是表达已经实现的时体助词,因此与将来的时间词产生冲突形成非法句(见上例 20d、21d)。而在包含将来时间词的句子中与"就要/就/要"搭配的句尾"了"是语气词,同时也表明,"将来时间词＋了"蕴涵"就要/就/要"等情态义词,这一结构的层次可分析为:[情态义词 m [V] 了]。汉语中参照时间 R 在说话时间 S 之后使用句尾"了"的规则为:

(i) S-RmE-P(张三明天就来上海了。)
(ii) S-RmE(张三明天要来上海了。)

除了情态义结构,S-RE 结构以及其他 S 早于参照时间和事件时间的结构都不能使用句尾"了"。(20)c、(21)c 与(22)a、(22)b 的差别在于前者有预期时间,由于预期时间与事件发生时间的对比,产生了主观情态意义,即其他学者所说的"主观量",这里的"就"提示事件发生时间在预期时间之前,也就是表达"早量"。

最后测试一下自主动词和非自主动词,下面例子中的"来"是自主动词,"毕业"是"非自主动词",请看测试:

(23) a 请来　b 来一下　c * 请毕业　d * 毕业一下

前文(20)和(21)分别使用了"来"和"毕业",但(23)a—b 和(23)c—d两组例句表明自主动词还是非自主动词与"就"是否必须与"了"搭配并无直接关联。因此,祝东平、王欣(2008)有关"'了'的隐现与其中动词的自主性非自主性相关"的结论还值得进一步研究。

4 "才"的预期时间隐含功能及其与句尾"了"的关系

先看例子:

(24) 张三昨天到上海了。
(25) 张三昨天才到上海。

根据前面对句尾"了"的定义,例(24)可分析为句子所陈述的事件具有新闻报道的价值,是在向听话人报告一个新闻。对比(24)可发现,(25)没有了新闻报道的意味,并且很容易解读到埋怨的意味,这个埋怨的意味是根据该句中"才"对事件发生的预期时间与事件真实发生的时间对比得到的,即说话人预期"到上海"的时间应该早于"昨天",但事件真实发生的时间却晚于预期时间,晚于说话人预定的时间,这种时间上晚于预期时间的含义是这一类句子中的"才"赋予的。下面看另一类现象:

(26) a 张三来上海。　b 张三来上海了。
　　　c 张三才来上海(就要离开)。
(27) * 张三才来上海了。

(26)a 就是上一节讨论过的例(9)。下面看例(26)b 和(26)c。在时体意义上,(26)b 和(26)c 等值(均为实现体),但情态意义和时间关系不同。(26)b 的时间结构是:$REi-S$,表达张三到达上海后状态的开始,(26)c 中的"才"我们记作"才$_1$",(26)c 的时间结构是 $E-RS$,解读为说话人表达的是"张三"在说话前的那一刻"刚刚到"(短近时),"才"没有引入预期时间。但下面的例子:

(28)(直到今天)张三才来上海。

(28)中的"才"我们记作"才$_2$"。就是说,(26)c 与(28)中的"才"略有不同,(26)c 中的"才"左边没有任何成分,它只能向右指,表达量的"小/少/短/近/早";(28)中的"才"向左指,表达左边成分中隐含量的"大/多/长/远/晚",因此(28)中的"才"引入了发话者的预期时间 P。(26)c 与(28)的时间结构可分别概括如下:

现在比较容易解释为什么例(27)不合格,即为什么这里的"才"与句尾"了"不能兼容。Lai(1995:104-109)认为"才"跟"了"冲突是因为预期的时间冲突,"了"预期事件时间在前,而"才"则预期事件时间在后,但是"'了'预期事件时间在前"的说法显然不成立。我们用句尾"了"的属性和"才"预期时间的属性分析来证明为何"才"无法与句尾"了"搭配。

首先,一件晚于预期时间发生的事件不具有新闻价值。尽管早于和晚于预期时间,二者都属于超出预计范围,但先于或早于预期时间与晚于预期时间是有区别的。先于或早于预期时间完全属于意料之外,而晚于预期时间因为早有预料要发生某一事件,因此晚于预定时间的事件便不具有突发性、新闻报道性。

其次,预期时间是指"预计事件实现的时间",如果它早于实际事件发生的时间,那么这个结构中的事件时间便是事件实现的时间,逻辑上允许事件实现后表现为完成(Ef)的状态,但绝对不能是尚未实现便进入另一个状态的开始(Ei)。对于"才"句来讲,预期事件没有实现,逻辑上不允许没有实现的预期事件进入实现后的状态(句尾"了");但如果现实事件已发生,允许现实事件发生后表现为完成的状态(词尾"了")。"才"是预期事件实现的时间早于事件实际实现的时间,也即预期事件没有实现,而句尾"了"表示预期事件实现后新状态的开始,两者形成了冲突。如果仍然将句尾"了""才"以及词尾"了"看作一元前置算子的话,从辖域上看,句尾"了""才"以及词尾"了"的辖域大小为:句尾"了">"才">词尾"了",图示如下:

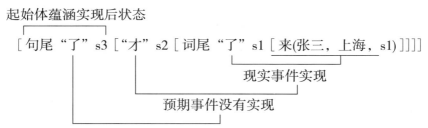

预期事件没有实现和预期事件实现后状态相冲突

与"就"句的逻辑式分析相似,在上图中,词尾"了"优先约束了其辖域内的情状变量 s1,而情状变量 s2 和 s3 分别是"才"和句尾"了"引入的,并分别加以约束,这两个变量均不是两个算子的辖域中原本就存在的。变量 s1 的语义为"现实事件实现",变量 s2 的语义为"预期事件没有实现",s1 和 s2 两个变量的语义没有冲突,然而句尾"了"引入的变量 s3 的语义为"预期事件实现后的状态",这是句尾"了"所表示的起始体所隐含的意义,显然两个情状变量 s2 和 s3 在语义上发生冲突。也就是说,尽管上图中的逻辑式遵守了"空量化禁止律",但这不是逻辑式合格的充分条件,相邻算子所引入的变量之间不允许在语义上发生冲突,情状变量之间的语义兼容是逻辑式合格的必要条件,也是句子合格的必要条件。根据以上分析,"才"句的预期时间可允许 Ef,而不允许 Ei,因此,P－REi－S 首先是不合法的时间结构,在语言编码上也是不合法的句法形式,再如:

(29) 张三昨天才签署了协议。

(30) *张三昨天才签署协议了。

需要说明的是,如果一个句子没有预期时间,或预期时间在事件发生时间之后,事件可以直接进入起始阶段。因为在 E－P 结构中(或没有 P 的结构中),E 有足够的时间完成"实现"再进入下一状态的开始阶段。但在 P－E 结构中,E 已经晚于 P,那么 E 首先要实现,然后才能进入新状态。因此例(29)满足 P－E 实现的要求,可以成立,而(30)不被允许。

5 "才"/"就"与词尾"了"

以上讨论所涉及的"了"大都是句尾"了",本小节讨论"就""才"与词尾"了"之间的关系。先简要讨论一下词尾"了"的基本属性。

(31) a 张三签署(了)协议。

　　　b 张三上个星期签署*(了)协议。

(31)a 说明在没有参照时间的条件下,有没有词尾"了"将完全改变句子的时体类型。没有词尾"了"为未实现体,有词尾"了"为实现体中的结束体,即我们上文所说的 Ef。(31)b 说明,如果一个独立的句子中出现表达过去时间位的时间名词,则动词后需要加词尾"了"[至少在(31)b 中如此],因为通常情况下,发生在过去时间中的事件通常是已经实现的,如果没有词尾"了",将与未实现的时体意义混淆,并且这样的结构没有词尾"了"也无法独立,只能作为一个小句或一个短语结构出现,或者需要其他成分的帮助。如:

(32) 张三上个星期计划签署协议,结果他没签。

再看:

(33) 张三下个星期签署(*了)协议。

与(31)b不同的是(33)的时位词是表示未来的"下个星期",所以(33)不能使用词尾"了"。可见,词尾"了"的基本属性之一是指向过去(表示现在时—持续体的暂且不论,如"墙上挂了一幅画"),但这并非为词尾"了"的唯一属性,朱德熙(1982:69)提到过类似下面的例子以证明词尾"了"可用于"将来"的时间中:

(34) 你明天吃了午饭后签署协议。

(34)的词尾"了"表达的是单纯的体(aspect)意义上的"完成",与时(tense)无关。单独一个"你明天吃了午饭"无法独立使用,只能嵌入其他结构或作为时间状语,将某一事件的结束作为另一事件的参照时间点。下面讨论"就"和"才"与词尾"了"之间的关系。

先看"就"。在(31)上插入"就",得:

(35) a 张三就签署(了)协议。
　　　b 张三上个星期就签署*(了)协议。

(35)a—b两个例子与(31)完全平行,显然词尾"了"是否自由或受限制,与"就"无关,只与是否有过去时位有关。无过去时位,词尾"了"的使用是自由的;有过去时位则必须使用词尾"了"。再看将来时位,在(33)上插入"就",得:

(36) 张三下个星期就签署(*了)协议。

(36)与(33)完全平行。上面用来解释(33)的理由同样适用于(36)。换句话说,这个句子不能使用词尾"了"与"就"无关,只能与句子使用了未来时位的名词有关。可以认为,汉语中 S—RE 的时间结构无法使用词尾"了",除非该结构嵌入更大结构作为某一时位的表达。

再看"才"。在(31)b 上插入"才",得:

(37) 张三上个星期才签署(了)协议。

首先需说明的是,(37)中的词尾"了"可有可无,这一点与(31)b 不同,(31)b 中的词尾"了"是表达实现体的必要条件,而(37)中的词尾"了"则不是表达实现体的必要条件,如果删除过去时位的时间词"上个星期","张三才签署(了)协议"中的"了"仍然可有可无,但是如果在前文例(33)的基础上插入"才",得:

(38) 张三下个星期才签署(* 了)协议。

(38)中不能添加词尾"了",这说明在含有过去时位或没有任何时间词的简单句中,"才"隐含了实现意义,但在含有将来时位的简单句中,"才"没有实现意义,从而也进一步说明,(38)不能使用词尾"了"是因为表实现义的词尾"了"在独立结构中与将来时位无法兼容。(38)与(33)在时体意义上无差别,差别在于说话人的情态意义——有无主观预期时间。(33)的时间关系是 S－ER,而(38)的时间关系是 S－P－REf 或 P－S－REf 或 PS－REf。这说明汉语中无法接受一个预期早应该发生的事件在将来的时间成为一个现实事件,但可以接受在将来的某个时间里实施并即将完成的事件,如:"我明天就要写完这本书了。"

6 问题

这里涉及的另一些问题值得进一步讨论:

(i)描写和解释"这台电脑才买了三天就坏了"。既有"才"又有"就",问题进一步复杂化。

(ii)事实上,使用过去时间词的句子并非都使用时体标记"了",这些句子的条件是什么?

(iii)另有一个与这里的讨论无直接关系的问题：为什么"他昨天去上海了"和"他昨天去了上海"这两个句子都合格，但是"他昨天看了一场电影"和"＊他昨天看一场电影了"中，后一例子通常不能说，但是删除"一场"后合格？

7 结语

我们通过观察"就"和"才"在时间表达上的预期时间功能，分析了现代汉语普通话中使用"就"和"才"表达时间关系的句子与"了"之间的句法组合关系。尽管"就"与"才"是一对较为典型的、通常构成主观量意义对立的副词，但在某些方面并不表现为整齐的对立，如在最简结构中以及在选择"了"的条件方面。"就"与句尾"了"和词尾"了"在句法组配上没有限制，"才"与句尾"了"在句法组配上有限制，但与词尾"了"的句法组配没有限制。

"就"表达事件发生的时间早于预期时间（ER－P），在表达时间关系并使用"就"的句子中，由于事件发生时间早于说话人预料的时间，出乎言者意料。句尾"了"表示起始，起始可以推导出新闻性或可报道性。"就"所表达的出乎言者意料与句尾"了"的新闻性或可报道性互相兼容。因此"就"能容纳句尾"了"。相反，"才"表达事件发生的时间晚于预期时间（P－ER），该事件的实现实际上已经处于言者的等待之中，因此事件的发生不具新闻价值；同时，由于预期时间是预期事件发生的时间，预期事件没有实现，不允许没有实现的预期事件进入实现后的状态（句尾"了"），但允许现实事件发生后表现为完成的状态（词尾"了"）。

从认知心理上讲，"就"的预期时间"后向蕴涵"操作与句尾"了"的实现状态"后向蕴涵"（起始体）操作呈一致性。"才"的预设时间"前向蕴涵"操作与句尾"了"的实现状态"后向蕴涵"（起始体）操作相冲突。若将句尾"了"、词尾"了"、"就"及"才"看作前置算子的话，在辖域关系上表现为句尾"了">"就/才">词尾"了",副词算子"就"与"才"均能引入一情状变量并加以约束,都与词尾"了"算子没有冲突;然而,副词算子"就"与句尾"了"算子所引入的变量在语义上兼容,副词算子"才"与句尾"了"算子所引入的变量在语义上不能兼容。

"就"在最简结构中同时表达将来或未实现的时体意义,如果在表达"过去"或"已实现"的时体意义的结构中,则必须用"了"来提示,与"就"无关。"就"与句尾"了"并非是相互依存的问题,而是语义上是否兼容的问题。这一分析证伪了某些研究中强调的"就"因表达"完成"义而与"了"强制配合的规则,也证明了"就"结构是否使用"了"与动词的自主性与否无关。

思考与练习

1. 名词解释

1）当时相关状态（CRS）；2）预期时间；3）参照时间

2. 练习题

1）请用分布分析法描写用"过"不用"了"和既用"过"又用"了"的差别,并证明这种差别的客观性。

2）请用分布分析法描写用"正"不用"着"和既用"正"又用"着"的差别,并证明这种差别的客观性。

3）请用分布分析法描写用词尾"了"不用句尾"了"、用句尾"了"不用词尾"了"和既用词尾"了"又用句尾"了"的差别,并证明这种差别的客观性。

4）请用"事件时间（E）""参照时间（R）""说话时间（R）""预期时间（P）"描写下列句子的时间结构。

①刚到食堂,就碰到了王老师。

②王老师前天就到了上海了。

第九章 对多功能副词的描写
——以"就"和"才"的多功能性为例

0 引言

语言中存在大量多功能的语法形式或语法单位,而这些多功能单位也常常受到多个条件的制约,形成较为复杂的相互牵扯关系。要描写这些单位的多功能性,要理清楚这些单位所受到的多个条件的制约,需要采取剥笋的方法一步步来。本章在前面两章的基础上以"就"和"才"的多功能性和它们各自所受到的其他条件的制约为例进行描写和分析。

我们之前讨论过下面一组例子:

(1) a 张三当局长就40岁了。　b 张三40岁就当局长了。
(2) a 张三当局长才40岁。　　b 张三40岁才当局长。

以上两个例子的a、b两例在主观量的意义上完全相反,例(1)a表示说话人认为张三当局长的年龄太大了,例(1)b表示说话人认为张三当局长的年龄很小。在第七章中,我们将这两个例子所表达的主观量差别描写为"低X就高Y了"。也就是说,"就"前面无论是VP还是NumP,都表示主观的相对低量,"就"后面,无论是VP还是NumP都表示主观的相对高量。如(1)a中说话人主观认定"张三当局长"是应该比"40岁"更小的年龄。因此句子表达了"低—就—高"的意思。与"就"相对的是,(2)a和(2)b可以抽象为"高X才低Y"。这些"规则"都是描写的结果。

语言研究的第一步是描写,描写的结果是得到一套如以上的规则。语言研究的第二步是对规则进行解释,即回答规则内部的前后项之间为什么存在条件关系,或者该规则在何种条件下不成立等相关问题。因此,现在的问题是:

问题一:"低 X 就高 Y 了"规则是否有条件?在什么条件下该规则不成立?为什么?"高 X 才低 Y"是否有相似的问题?

问题二:为什么下面类似的"就"结构中的语义在无语境条件下是不确定的:

(3) 一万块就买了一只包。

例(3)不同的人理解可能完全相反。这是为什么?

问题三:若例(1)删除句尾"了"得:

(4) 张三当局长就 40 岁。
(5) 张三 40 岁就当局长。

例(4)有歧义,歧义一:表示年纪轻("就"及其后成分重读);歧义二:不表示年轻("就"不重读,"就"前的成分重读)。例(5)表示年轻。例(1)a 和例(1)b 中意义的对立在这里消失了。例(1)a 和例(4)的对比告诉我们,这与有无"了"相关,"了"在这里起决定性作用。那么为什么有句尾"了"就没有歧义,句式总是表示前小后大,而一旦没有句尾"了",数量短语在后就不一定表示前小后大?

问题四:既然"就"和"才"都有限制小量的功能(如:"就三个人""才三个人"),那么为什么下面的例子只能用"就",不能用"才"?

(6) a 这个地方就产煤,不产别的矿物。
　　b *这个地方才产煤,不产别的矿物。
(7) a 水果里张三就吃桔子,不吃别的。
　　b *水果里张三才吃桔子,不吃别的。

(用例参见蒋静忠、魏红华,2010)

我们要讨论的是以上四个问题。

1 "低 X 就高 Y 了"与"高 X 才低 Y"的条件

在目前所见到的几乎所有"VP 就＋时位"结构中，如标题的规则均能成立。例如：

(8) a 结婚就 30 岁了。　b 30 岁就结婚了。　（前低后高）
(9) a 结婚才 30 岁。　　b 30 岁才结婚。　　（前高后低）
(10) a 打完球就 7 点了。b 7 点就打完球了。（前低后高）
(11) a 打完球才 7 点。　b 7 点才打完球。　（前高后低）

例(8)a 说话人预设"结婚"年龄应该小于"30 岁"，因此例句构成前低后高的对立，(8)b 说话人预设"30 岁"低于应该"结婚"的年龄，因此例句同样构成前低后高的对立。例(9)和例(11)目前尚无反例。

但是在使用"就"的例句中，若将"时位"改为其他数量名短语，情况可能发生改变。例如：

(12) 现在结婚就 10 万了。
(13) 这学期选这门课的就 10 个人了。

征求过不少母语者的语感，多数反映若没有上下文，这样的句子比较别扭，因为其主观量大小是不确定的。现将例 12)代入不同语境，可以得到：

(14) 小张银行里总共才 5 万，**现在结婚就 10 万了**，这婚是没法结了。
(15) 以往结婚要 20 万，**现在结婚就 10 万了**，价格是越来越低了。

"现在结婚就 10 万了"在例(14)和(15)中所表达的主观量截然

相反。例(14)说的是贵,自然口语中"就"不重读,(15)说的是便宜,自然口语中"就"重读。

用同样的方法,将例(13)代入不同语境得到:

(16) 上学期选这门课的只有 5 个人,**这学期选这门课的就** 10 **个人了**。

(17) 上学期选这门课的有 20 个人,**这学期选这门课的就** 10 **个人了**。

例(16)"就"后面的"10 个人"表达的是主观高量,自然口语中"就"不重读,而例(17)"就"后面的"10 个人"表达的是主观低量,自然口语中"就"重读。

不难看出,类似(12)和(13)这样的例子,在书面语中单独看其主观量是无法确定的,只有在特定的上下文中其主观量才能得以确定。换句话说,它的主观量由语境赋予,自然口语中的重音也要根据语境来确定。离开语境,句子成分和句法结构本身并不提供明确的主观量。或者说,"就"所表达的主观量在这些句子中并没有稳定的表现,成为一种抽象的"主观量"标记,它的取值要受上下文因素(比如数量大小的对比等)的影响,或者说"就"是一种语境成分"敏感"的因变量成分。它取值于上下文中数量对比的自变量,主要是后一个数值的向量。如例 14)中"10 万"是 5 万增加得到的(从低到高),而例 15)的"10 万"却是从 20 万减少得到的(从高到低)。

现在可以回答为什么例(8)、例(10)的主观量是确定的,而例(12)和例(13)的主观量是不确定的。通过这两组例子的比较可以看出,例(8)和例(10)是一种单向变化,而例(12)和例(13)是双向变化,可能是从大到小、也可能是从小到大。生活中单向变化的现象,如岁数的增长、时间的推移、一定时间内力量的消耗、水分的蒸发等。双向变化的,如钱财的增减、排队人数的增减等,凡是对象变化为"可控"的,其量的变化均为双向的。因此:

(1) 在"就"结构中,凡是量的变化是单向的[如前面的例(1)、例(8)、例(10)]均无歧义,均符合主观量上"低 X 就高 Y 了"对比的结构规则。

(2) 如果量的变化是可控的、双向可能的,离开语境,该结构有歧义,其主观量是不确定的,它们超出了"低 X 就高 Y 了"规则的约束范围。

至此,本研究前面提出的第二个问题——为什么"一万块就买了一只包"的意义是不确定的——也就迎刃而解了。在这里"一万块"不是单向的量范畴,它可能表示"超过预定标准的大量",也可能表示"低于预定标准的小量"。当"一万块"表大量时,"就"的主观低量只能指向"一只包",自然口语中"就买了一只包"自然重读;当"一万块"表示主观小量时,自然口语中"一万块"会重读。这可以解释为,重读充分吸引了"就"的主观低量,由于"就"在这样的结构中是一个因变量,重读成为"就"表达主观低量的自变量。

有趣的是,我们用同样的方法来检验类似例(2)那样的"高 X 才低 Y"结构,至今还未发现反例。可见"才"的主观量语义比"就"稳定得多。

2 "当局长就 40 岁了"和"当局长就 40 岁"

本小节讨论为什么有"了$_3$"的"X 就 Y"结构表达"低 X 就高 Y"的意义,而没有"了$_3$"的结构却是不稳定的。

2.1 为何"X 就 Y 了"表"低 X 就高 Y",其内部机理到底是怎样的?

如前文指出的,在例(1)a 和例(1)b 上删除"了$_3$"我们得到例(4)和例(5),如:

(1) a 张三当局长就 40 岁了。　　(4) 张三当局长就 40 岁。

(1) b 张三 40 岁就当局长了。　　(5) 张三 40 岁就当局长。

有意思的是,原先(1)a 和(1)b 的主观量意义是对立的,删除它们的"了$_3$"之后,例(4)和例(5)没有了主观量的对立。例(4)有两解,例(5)无歧义。这里有两个问题需要讨论:一,为什么例(4)有两解,而例(5)无歧义;二,例(4)和例(5)的差别在哪儿?

先讨论第一个问题。对比例(4)和例(5)可以发现,在数量单位和重音模式上它们呈现出三缺一的模式:

| 例(4):VP 就 NumP | A(重音+就+非重音)=非低量 | B(非重音+就+重音)=低量 |
| 例(5):NumP 就 VP | C(重音+就+非重音)=低量 | D(非重音+就+重音)= ? |

例(4)有歧义是因为重音位置的变化,重音在前为非低量,重音在后为低量。在这里可以看到,当数量短语与重音重叠,结构表达低量,"就"表低量的功能得到正常发挥;当数量短语与重音位置不重叠,"就"表低量的功能就被遮盖,整个结构无法表达低量。同样,例(5)中如果数量短语与重音重叠,结构表示低量。有意思的是,为什么例(5)的重音如果落在 VP 上,结构的主观量无法判断?为什么不能像例(4)的 A 那样表达"非低量"(都是数量短语不重读)?

例(4)的 A 和 B 都是数量短语在后,在这个条件下,重音的落点不同,则意义不同。例(5)的数量短语在前,当重音在前,则意义确定,当重音在后,则无法解释。这里的蕴含规则是:在这样的结构中,数量短语在"就"前,则其重音在前。换句话说,数量短语在"就"后,重音位置是自由的。有关这个蕴含规则的解释,我们另文讨论。

以上例(1)a 和(1)b 无歧义,总是表现"前低后高"的主观量,而例(4)和例(5)的主观量不确定。"最小对立对"告诉我们,有无实现体标记"了"是它们在形式上唯一的区别。

普通话中的"了"在句法分布上有两个形式,一是动词后的

"了₁",表行为的结束;二是句尾的"了₃",表行为或状态的开始。它们分别处在时间轴上同一时位 β 的两面(金立鑫,2003):

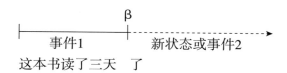

这可以解释为什么"这本书读了三天"可以解读为读完了,而"这本书读了三天了"可以解读为还没读完。因为句尾的"了₃"表示一个新状态的开始,或者进入一个新的事件(上例可解读为"读这本书进入第四天")。

实际上"了₃"是一个多功能形式,大致对应于以下表意功能(参见金立鑫、于秀金,2015),从左到右由实到虚为:

     体标记   语气标记
起始体——新变化/新情况——新闻性标记——用于预期之外——语气词
(下雨了) (我懂了) (校门口出车祸了)(明天就出发了)(太贵了)

根据以上"了₃"属性的假设,"数量短语+了₃"中的"了₃"属于表达"新变化/新情况"的"体标记",因此,"数量短语+了₃"的结构意义应该是:叙述对象在当下所达到的量值。如:"30 了"表达对象当下达到 30 这个量;"9 点"表达当下时间为 9 点。如此等等。

我们再来简要讨论一下"就"的意义。"就"有"靠近""就近"之义,表达空间上的近距离。如《国语·齐语》:"圣王之处士也,使就闲燕,处工就官府,处商就市井,处农就田野。"《礼记·檀弓》:"先王之制,礼也。过之者俯而就之。"现代汉语至今还保留"各就各位""就坐"这些基本用法。因此我们将"就"的核心意义确定为表达空间概念上的"靠近"。"就"从空间的近距离引申为"小量""直接",并进一步虚化为关系连词的用法,该词的多功能连续统可以假设为:

靠近——小量/小范围——直接——强调——关联
(就位)　　　(就三个)　(见了就知道)(就是他)(如果雨停了就去)

现在我们回头来看(1)a：

(1) a 张三当局长就 40 岁了。

首先,该结构中的"了$_3$"解读为表示达到某个量值,即"达到 40 岁这个量"。语言中如果某一向量是从低到高,由于"了$_3$"表达的是"当下达到"的一个量,那么该向量接"了$_3$"总是表达到目前为止的一个最大量(或负大量)。例如："中学生了""大姑娘了""大小伙子了""今年 9 岁了""今年 50 了"……因此在本结构中,"40 岁了"同样表示达到一个相对以前的大量,此时的"就"加在表大量的"40 岁了"之前,它原先表"小量"的意义被压制,转而表达强调(以上多功能连续统中的第 4 功能)。

假如该向量可以解读为双向变化量,如前文第 1 小节中讨论的例(12)和例(13),"就"还是可以表达小量。

但是(1)b 不同：

(1) b 张三 40 岁就当局长了。

删除"了$_3$",该结构命题意义并无改变,改变的仅仅为语气。根据这一点可以判断,该结构的层次为："[张三[40 岁[就[当局长]]]]了",也就是说,"了$_3$"是加在整个句子"张三 40 岁就当局长"之上的,"了$_3$"配合"就"用于表达"预期之外",属于"语气词"的范畴。因此,(1)a 和(1)b 中的"了$_3$"并不是同一性质的。

通过以上分析可知,(1)a 的"低 X 就高 Y"是由"单向向量变化"与"了$_3$"共同决定的(若无"了$_3$",该结构表小量,若非单向向量,该结构主观量不定,见第 1 节),而(1)b 的"低 X 就高 Y"主要由"数量"这一自变量引发"就"这一敏感因变量造成的。这一点将在下一小节中具体讨论。

2.2 为什么没有"了₃"的"就"结构中数量短语总是表达小量,而"才"结构却不一定?

2.2.1 为什么没有"了₃"的"就"结构中数量短语总是表达小量?
本研究开头的例(4)和例(5)为:

(4) 张三当局长就40岁。

(5) 张三40岁就当局长。

我们看到,在这里,"低X就高Y"的规则完全无效。数量短语无论在"就"前还是在"就"后,都表达小量。面对这样的事实,我们假设:表小量的"就"对下面的概念有不同的敏感性(敏感度),对数量概念最为敏感,其次是对不及物行为,再次是对空间概念,最后是及物的行为。可以将这些敏感对象依据敏感度等级排列假设为:

量范畴——不及物行为——空间——及物行为
(就40岁)　(就来)　(就张三)　(就当局长)

这一敏感等级是指在"就"结构中,以上范畴在与"就"相邻的条件下,根据以上排列顺序获得"就"赋予的小量意义,后一项目只有在前面所有项目都缺席的条件下才能获得"就"赋予的小量义。

请看以下例句:

(18) 张三40岁就来当局长。

该例命题意义表达"张三当局长年纪轻",因为结构中出现"40岁"这一量单位,"就"首先指向"40岁",而不是指向"来"。

(19) 张三就来当局长。

该例无标记形式为"就"重读(其他成分重读别解),命题意义表达"张三很快要来当局长",在"量范畴"缺席的条件下,"就"指向

的是动词"来"。由于动词具有时间性,因此"就"的表"小量"压制为表时间的小量。再看"就"指向"空间范围"的例子:

(20) 就张三当局长。
(21) 张三就当局长。

上面两例的"就"限定的是"张三",例(20)意思是"仅仅",例(21)是举证。例(20)成句单说的可能性高于例(21),或者(20)更不需依赖特别的语境,而(21)则更多依赖特定的语境。根据以上属性,我们假设了以上"敏感度等级序列"("就"对从"量"到"及物行为"这四类成分的敏感度等级)。因此本研究认为,具有空间意义的名词比及物性行为更容易接受表小量范畴的"就"的限定。

从"就"表小量的特征上来看,与"小量"联系最为直接的便是数量范畴。数量范畴相对"就"而言是最为敏感的成分。因此本小节标题的问题可以做如下回答:由于数量词相对表小量的"就"而言是最敏感的成分,因此,数量词无论出现在"就"之前还是出现在"就"之后,它都将成为引发"就"启动表小量功能的自变量。这一点甚至在非完整结构中都能看到:

(22) 三点钟就……
(23) 一万块就……

作为现代汉语中的副词,"就"的句法功能本应向后管辖,但由于敏感成分在前,"就"也不得不被其吸引,向前管辖。当然,更遑论数量短语在"就"之后的句法组配,理所当然受"就"的句法管辖。

这便是为什么前面例(4)和例(5)都表小量的原因。

如果"就"的前后都出现数量短语,自变量将由重音来决定。获得重音的数量短语吸引"就"或触发"就"的主观量功能,使重音数量短语成为"就"主观小量的管辖成分。例如:

(24) a **十块钱**就吃了一顿午饭。   b 十块钱就吃了**一顿午饭**。

如果"十块钱"获得重音,则"十块钱"为"就"的自变量,吸引"就"指向"十块钱"表小量;如果"一顿午饭"获得重音,则"一顿午饭"为"就"的自变量,吸引"就"指向"一顿午饭"表小量。因此,重音是以上敏感等级序列之外的一个加权自变量。

2.2.2 为什么"才"结构中的数量有大有小?

我们先来看看"才"的初始义,甲骨、金文和小篆中的"才"分别为 ϕ、╋、ᆍ,《说文解字》释为"草木之初也"。从字形上看,中间的横线表示地面,横线下方为草本的根系,横线上方为草本的芽苗(根系发达到一定程度才会在地面出现芽苗,古人对这个现象的观察十分细致,并将其表现在文字上)。这个字在语义上可以有两种解读:一是农耕民族对种子发芽的期待,二是植物芽苗成长的前景或可能性。前者从对发芽的期待甚至焦虑引申为时间上的晚、数量上的小,如"才来""才三个人";后者从发展的可能性上引申为量大,如"有才"。数量上的主观大量的另一个可能的路径是前者表量小的反训(详下)。

"才"表达对种子发芽的期待意义主要用于主观的时间范畴,或者时间范畴的主观量。时间属性是"才"的核心属性,时间是一种过程属性,因此"才"总是指向动词的时间特征。数量的主观大小是引申义。因为是主观量,不同的人或不同的视角对同样一个客观量可能有截然不同的主观判断。这或许也是"才"在量的大小上同时存在两种不同的主观量的原因。就像上文对"时间上的晚"的观察可能就有两个视角:着眼于事物出现的状态,得到的是小量,例如:"才冒出一点儿绿芽"中,"才"表示外形的小量。而如果着眼于等待事物出现的时间,得到的是大量,例如:"等了一个星期才看见"中,"才"表示时间的大量。

除了"才能"的"才"已经演变为名词语素,副词类的"才"可以简单分为两类:一类表示时间晚(或大量),另一类表示量小(或时间早)。这两种意义的对立在汉语中是通过句法位置的分布来表现的:"才"后的量为小物量或早时量,"才"前的量为大物量或晚时量。句法位置作为决定词汇意义的重要手段,这种现象并非汉语仅有。其他语言中也有类似现象。西班牙语中的形容词通常在名词之后,如果形容词在名词之前,词汇意义会发生变化。例如:

(25) a cierta noticia（某个消息） b noticia cierta（确实的消息）
(26) a pobre hombre（不幸的人） b hombre pobre（穷人）

汉语中同样一个数量短语,在"才"之前表示大量,在"才"之后表示小量:

(27) a 三个人才能干完。　　b 干完这些活儿才用了三个人。
(28) a 三点才起床。　　　　b 起床才三点。

我们可以假设,前置于动词核心的用法是副词"才"最典型的用法(如"才来"),是"才"最底层最核心的意义。然后"才"的限定用法从前置于动词逐渐扩展到前置于数量词,表示小量。再扩展到"才"后置于数量词反训为表示大量。如果"才"的前后分别出现数量单位,那么"才"前为主观大量,"才"后为主观小量,"才"的表义功能得到充分展现。例如:

(29) 三个人才吃一锅饭。
(30) 一万块钱才买了一只包。

至此我们可以得出结论,"才"前后的主观量总是表现为"前大后小",是通过句法位置区别同一词汇不同意义的句法手段。因此"X 才 Y"是一个较为稳定的主观量对比构式。

由于量的限定可以从空间映射到时间,而从时间映射到空间却受限,因此,"就"和"才"在主观量限定的功能上也呈现出不对称性。原始义表达空间关系的"就"几乎可以涵盖空间、数量、时间的所有主观量限定,而原始义表达时间性质的"才"却主要用来限定时间(因果关系或条件关系等是从时间关系引申过来的)和数量。它们的语义功能可以描述为:

3 为什么有的例子只能用"就"不能用"才"?

本研究开头的例(6)和例(7):

(6) a 这个地方就产煤,不产别的矿物。
　　 b *这个地方才产煤,不产别的矿物。
(7) a 水果里张三就吃桔子,不吃别的。
　　 b *水果里张三才吃桔子,不吃别的。

(蒋静忠、魏红华,2010)

蒋静忠、魏红华(2010)批评Biq(1984)的"才"的排他性聚焦和"就"的一般性聚焦的解释,认为"就"也有排他性聚焦的功能,试图用焦点来解释以上现象。但具体解释的方法似乎语焉不详。

我们在上文指出过,"就"的核心意义是空间上的"小",并且表空间范围的功能可以扩展到表时间的度量上,从空间隐喻时间是一种较为普遍的现象。相对而言,"才"的核心意义是时间上的"晚"或时间量上的小量。从时间范畴去隐喻空间范畴,就相对困难得多。比如我们可以说"遥远的将来",但不说"很久的地方"。

从这一点出发,我们可以解释为什么"就"可以单独限定光杆名词,而"才"不能。如:

(31) a 就张三。　　b *才张三。
(32) a 就书。　　　b *才书。

这是因为"张三""书"等都是名词,具有空间性,没有时间性。"就"在空间上限定这些名词的所指,意思是在一定范围内没有其他事物,与Biq(1984)所言"排他性聚焦"大致相仿,但比"排他性聚焦"的解释更直接明了。"才张三""才书"之所以不合格是"才"没有空间限定的功能,或者说,这些名词没有时间属性,无法接受"才"的限定。

但是,如果"才"的后面有任何数值单位,"才"就有指向这些数值的功能,在这些数值上附加上主观量意义。如:

(33) 才三个人。
(34) 才三本书。
(35) 才休息了五分钟。

与"就"相同,所有的数量单位对"才"而言都是敏感的。现在我们将不合格的例(6)b和例(7)b改为:

(36) 这个地方才产了三吨煤,没产别的矿物。
(37) 水果里张三才吃了一个桔子,还没吃别的。

完全合格。原因就在于,此时的"才"仅仅对数量敏感,或者仅仅指向数量。当"才"指向某一特定数量时,它限定的是抽象的数量大小,而不是具体的空间范围。数量词和名词的差别在这里或许也能体现出来。何况有不少数值与客体的空间性无关,如"才第三名""才五分钟"等。

蒋静忠、魏红华(2010)还提到另一条规则:当焦点所引出的选项形成按照时间顺序排列的等级序列时,只能用"才",不能用"就"[①]。例如:

(38) a 张三和李四是同学,张三才结婚,李四孩子都上中学了。
　　　b＊张三和李四是同学,张三就结婚,李四孩子都上中学了。
(39) a 张三才上大一,李四都大学毕业了。

[①] 此处"就"为与"才"意义相近的表小量或低量的"就",如"才三个""就三个"。

b＊张三就上大一,李四都大学毕业了。

事实并非如此。"就"完全可以用于表达时间序列的事件,例如:

(40)张三妈,您老别着急,张三这就结婚,就给您生个胖小子。

为什么(40)成立,而(38)b和(39)b不成立?这与两个因素有关:第一,与"就"和"才"直接限定动词的时体差异有关。虽然它们都表示主观时间小量,但"才"在最简结构①无标记条件下表实现体,而"就"最简结构在无标记条件下表未实现体,如:

(41)张三才来。(有歧义,但均为实现体)
(42)张三就来。(未实现体)

(38)b和(39)b试图用"就"表达实现体意义,与"就"的体意义冲突。另外,与"就""才"不同的价值取向有关,"就"通常为积极意义,"才"通常为消极意义。"就"直接限定动词的主观量意义通常是积极的"强调或凸显即将实现"。而(38)b和(39)b中作为对比事件的参照,应该是消极的"迟"或"缓",却使用了"就"。因此(38)和(39)是否合格与是否为时间序列无关,而与"就"和"才"所携带的体意义相关,也与它们在积极和消极的态度取值上是否一致有关。实际上,"就"同样可以用来表达时间序列,如:

43)就中学生了;就大姑娘了;今年就9岁了;今年就50了……

4 小结

"就"是一个多功能形式,至少呈现:靠近——小量/小范

---

① "最简结构"有两类:A.由观察对象为必要成分构成的最小且自足的结构;B.将A所定义的"最简结构"中原有的观察对象删除之后得到的结构。二者之间的差别一般体现观察对象的功能和意义。如果B不合法,则A为原始最简结构。

围——直接——强调——关联等多功能连续统(见2.1)。

"就"的核心意义是表小量,数量词因其"量"特征,成为"就"最敏感的变量,数量词无论出现在结构内何处,都将成为引发"就"启动表小量功能的自变量。

"就"是一个受其他自变量影响的因变量,数量短语是对"就"而言是最敏感的自变量,重音也是一个极重要的自变量。"就"的限定范围包括"空间、数量、时间"。"X 就 Y 了"结构中,凡量变化为单向,均无歧义,均符合主观量"低 X 就高 Y 了"对比的结构规则。如果量的变化是可控的、可能双向的,离开语境,该结构有歧义,其主观量不确定。

"张三当局长就40岁了",其"低 X 就高 Y 了"是由"单向向量"与"了$_3$"共同决定的。"张三40岁就当局长了",其"低 X 就高 Y"主要由"数量"这一自变量引发"就"这一敏感因变量造成的。

"就"的核心功能是限定空间,最简结构为未实现体,具有积极意义。

"才"的限定范围为"时间、数量",其核心功能是限定时间,最简结构为实现体,具有消极意义。"才"的用法从限定动词逐渐扩展到限定数量词,表示小量。再扩展到后置于数量词反训为表示大量。如果"才"的前后分别出现数量单位,那么"才"前为主观大量,"才"后为主观小量。

"了$_3$"的功能为:起始体——新变化/新情况——新闻性标记——用于预期之外——语气词。

思考与练习

1. 名词解释

1)"就"的多功能连续统;2)"了$_3$"的多功能连续统;3)多功能语法形式

2. 练习题

请用分布分析法描写下列词语的不同语义特征所对应的句法特征。

1) 都（包括"都不"和"不都"）
2) 会（包括"不会"）
3) 能（包括"不能"）
4) 可以、应该、必须
5) 不可以、不必

第十章 成分的"必用、选用和必不用"的描写
——以普通话形容词用"的"与"很"的分布条件为例

0 引言

语法描写中我们或许要时时刻刻提醒自己,针对单个描写对象,我们是否穷尽了所有逻辑可能——该对象在何种条件下必须使用,在何种条件下可用可不用,在何种条件下不能使用。这些条件只能通过充分的分布描写来揭示,而且其背后的机理与动因也只能在描写的基础上提出。一个好的理论通常能够解释以往认为不相干的现象,使得这些现象能得到统一的解释。这表现了理论的解释力。当然,一个好的理论还必须是内部一致的、简洁的。本章以普通话中的形容词在作名词修饰语时是否选择"的"以及在作谓语时是否选择程度副词(以"很"为代表)进行描写,这两个问题在以往的研究中是分开进行的,似乎二者并不相关,本章试图从二者中找到统一的句法解释。

我们的问题是:一、为什么有的形容词作名词的定语时要加"的",有的可加可不加"的"? 其间有什么规律可循,其背后的动因到底是什么? 二、为什么普通话中形容词在作谓语时有的需要加程度副词,有的不需要加程度副词? 加程度副词和不加程度副词有什么规律可循,其背后的动因是什么? 三、以上两个问题之间有没有内在联系? 这些问题一直没有得到彻底的、统一的解释。其根本原因在于对它们的描写还不够充分。

我们试图在以往研究（沈家煊，1997；陆丙甫，2003；刘丹青，2005b；张伯江，2011）的基础上，通过描写普通话形容词用不用"的"和"很"的条件，在这两个问题之间建立一个统一的解释，这一解释将取消普通话中的"区别词"，将区别词重新纳入形容词系统。

1 前提与理论基础

先请看 Hengeveld(1992:69)对人类语言实词类型的总结，见表 10-1：

表 10-1

	1	V/N/A/Adv			Tongan
Flexible	2	V	N/A/Adv		Quechua
	3	V	N	A/Adv	Dutch
Specialized	4	V	N	A	Adv	English
	5	V	N	A	—	Wambon
Rigid	6	V	N	—	—	!Xū
	7	V	—	—	—	Tuscarora

如果上面这个总结不错的话，那么它说明：

（Ⅰ）如果一种语言只有一个实词类，要么是动词，没有别的实词，如第 7 种塔斯卡洛拉语(Tuscarora，北美印第安一部族的语言)；要么就是所有的实词不分类，如第 1 种汤加语(Tongan)；

（Ⅱ）如果一种语言有两个实词类，那么要么是动词和其他混合类词，如第 2 种克丘亚语(Quechua)；要么是动词和名词，没有别的词类，如第 6 种 !Xū 语；

（Ⅲ）如果一种语言有三个实词类，那么一定是动词、名词和形容词，如第 5 种 Wambon 语（印度尼西亚 Papua 语的一种）；要么就是动词、名词和混合修饰词，如第 3 种荷兰语(Dutch)；

(Ⅳ) 如果一种语言有四个实词类，那么一定是动词、名词、形容词、副词，如第 4 种英语(English)。

依据这一总体类型的分布样态，语言学家们总结出人类语言实词词类的基本类型：指称类（名词）、陈述类（动词）和修饰类。其中修饰类可以分为两个小类：修饰指称的、表示指称的属性的一类（形容词）和修饰陈述的一类（副词）。词的这些分类是建立在普遍的概念语义分类以及句法功能的基础上的。指称、陈述和修饰，既是概念分类，也是句法功能的分类。在所有语言中，形容词与名词相关，是名词的修饰成分。这是人类语言的普遍共性，也是人类语言词类范畴的基本属性、基本的句法功能，也是几乎所有不同语言学理论和学派对名词与形容词关系的认识的最大公约数。

但形容词在句法功能上并不稳定，有的更像名词，不能直接作句子的谓语（需要系动词或其他形态成分的协助），而有的更像动词，可以直接做句子的谓语（参见刘丹青，2005b）。我们的讨论建立在或假设在具有一定特殊性的汉语形容词系统的基础上。

普通语言学中，形容词与名词的语序只有两种：N-Adj 和 Adj-N，而且前者居多，比例为 878∶373（参见 Dryer,2013b）。从上面表 10-1 中，我们可以推导出这四个词类的发生蕴含关系，如图 10-1。

副词 ＞ 形容词 ＞ 名词 ＞ 动词

图 10-1

越左边的词类出现越晚。因此，若有左边的词类，必有右边的词类，反之不必然。

汉语普通话有副词，这是一个基本事实。那么根据这一蕴含关系，汉语普通话应该有形容词。但是 Hengeveld(1990:43,1992:64)却认为普通话没有形容词，原文见表 10-2：

表 10-2

V	N/A		Quechua
V	N	A	English
V	N	—	Mandarin Chinese

他的证据是：

(1) a 那个女孩子漂亮　　b 漂亮的女孩子

(2) a 那个女孩子了解　　b 了解的女孩子

他认为,上面例子中的"漂亮"和"了解"的分布完全相同,尽管"漂亮"的词义一般对应于其他语言的形容词,但是在汉语中的分布特征与动词相同,所以汉语没有形容词。这不能不说是一个很大的误会(我们稍后讨论)。

我们把人类语言普通意义上的形容词确定为:语义上表达名词属性(抽象性),句法上主要用于修饰名词的词(参见张伯江,1997)。下面讨论汉语普通话中形容词的句法属性、变体及其约束条件、表现形式。

2　形容词修饰名词与"的"的选择

2.0　汉语形容词多功能连续统

形容词的概念语义是"名词的属性",本质上是名词所表达的对象概念语义属性的投射(因此,形容词所表达的属性逻辑上蕴含名词),句法上是名词的定语。但对象的属性各种各样,千姿百态,有内在的、静态的、不变的、恒定的属性,也有外在的、动态的、变化的属性。一般而言,静态属性是名词的内部特征,动态属性是名词指称对象的运动或外部特征。如果这些属性在某一语言中都通过形容词的形式来表达(定语形式),那么该语言的形容词就涵盖了名词从静态到动态的所有属性。因此,它们之间就形成一个从静态到动态的连续统。在较为极端的情况下,有些语言形容词处于接近动词的一端,有些语言形容词处于接近名词的一端(VA-N 格局与 NA-V 格局,见刘丹青,2005b)。汉语形容词可以修饰名词,有些也可以修饰动词。修饰名词的形容词根据"内部属性和外部属性、客观属性和主观属性"还有更细的小类。因此,汉语形容词的功能连续统大致可以分为三段,静态一端,动态一端,中间静动态混合段。这三段大致对应三种不同的句法形式。这个连续统反映了汉语形容词的总体特征。以下我们逐一描写并讨论。

2.1 不可加"的"

我们所有讨论加不加"的"或"很"都是建立在"最简结构原则"(金立鑫,2002b,2012)上的,即主要考察没有其他成分干扰的条件下其独立使用的选择规则。形容词修饰名词时不可加"的"的主要有两类。以下分别描写。

2.1.1 形容词作为名词构词语素

作为名词构词语素的形容词不能加"的"。汉语普通话中允许形容词直接充当构词成分。例如:

(3) 红(*的)歌

(4) 小(*的)人

(5) 高(*的)官

(6) 硬(*的)汉(子)

(7) 高(*的)年级

这些单位内部不能加"的"没有异议。如果加"的",结构不合格。这跟"白纸"不一样。"白纸"和"白的纸"在外延上有交叉:

(8) a 张三给我一张白纸,上面干干净净。

　　b 张三给我一张白的纸,上面干干净净。

c ＊张三给我一张白纸,上面写了不少字。("白纸"普通话中是没写过字的纸)

d 张三给我一张白的纸,上面写了不少字。

但是上面(3)—(7)的例子不允许下面 b 类用法:

(9) a 学生唱红歌。

b ＊学生唱红的歌。

(10) a 张三是个小人。

b ＊张三是个小的人。

可见,这部分"形容词＋名词"的构词形式内部结构紧密,不允许插入结构助词。如果插入"的"整个结构就被破坏。这种结构不能用"的"是强制性的。

这类结构中的"形名组合"已经构成一个名词,因此内部的形容词只能表达一个客观的概念,没有相对性。所有人都在同一概念的内涵和外延上理解并使用其中的形容词。不存在相对于个人的主观性,也无法主观化(典型的形容词之所以可以携带副词性修饰语与其具有使用者的主观性有关,下文还会涉及这一特征)。证据是其中的形容词不接受任何程度副词或其他副词的修饰:

(11) ＊很红歌

(12) ＊比较小人("小人"整体形容词化用法除外)

(13) ＊非常高官

(14) ＊极硬汉子

这类形容词作为构词语素构成"形＋名"式的偏正式名词(整体功能为名词),是形容词在普通话中的一个主要功能。这个问题相对简单,几乎没有争议。

2.1.2 非谓形容词或区别词

第二种不能加"的"的是在国内理论界已经被多数学者接受的

所谓的"区别词"。我们将本章第 3 节证明,所谓的区别词本质上就是形容词,只不过它们比一般形容词更为严格,用人类语言一般的眼光来看,它们更接近形容词的内核。因此"非谓形容词"的术语比"区别词"更好,更一目了然。下面是经常列举到的区别词或非谓形容词(李宇明,1996):

(15) a 新:新式[①]　重:重型　高:高级[②]　优:优等　大:大号
　　 b 黑:黑色　老:老牌　远:远程　少:少量　长:长期

":"左边的是形容词,右边的是非谓形容词。李宇明(1996)认为这些非谓形容词比前者形容的意义更具体。我们假设这些非谓形容词在修饰名词时,表达的是名词的内在属性、客观属性、稳定属性,与 2.1.1 中的形容词语素相同,它们没有相对性或主观性(该语言社团的集体共设),它们与名词之间的关系更紧密。这一假设依旧可以用在其前无法添加程度副词来证明,因为客观内在稳定的属性没有主观性和程度之别,能受程度副词修饰的都具有动态性或主观性:

(16) a *很新式发型　*很重型机器　*很高级用品　*很优等学生　*很大号运动服
　　 b *很黑色眼镜　*很老牌汽车　*很远程导弹　*很少量商品　*很长期生

加"的"受到极其严格的限制:

(17) a *很重型的机器　*很优等的学生　*很大号的运动服
　　 b *很黑色的眼镜　*很老牌的汽车　*很远程的导弹　*很少量的商品　*很长期的(学)生

[①] "新式"不是典型的非谓形容词,因此所谓的非谓形容词与普通形容词之间的界限并不清楚,二者间也是一个连续统。

[②] 同上,也不是典型的非谓形容词。

功能上，这些形容词限定名词，指向名词的属性，执行的是形容词的最底层的基础功能。根据我们在2.0中汉语形容词连续统的假设和分类，这类形容词在静态属性一端，它们与名词作定语为核心名词进行分类的功能基本接近。这类名词定语很多不能加"的"[名词作定语加"的"的讨论主要在区别，而非指称（称谓性），参见陆丙甫，1988]，如：

(18) 玫瑰(*的)花　青年(*的)教师　学生(*的)会员

普通话中的两个否定词也可以帮助我们测定它们的属性。我们假设，"非"用来否定稳定均质的内在属性，针对名词；"不"和"没"用来否定动态的外部状态，或否定描述（即对描述的否定），针对形容词或动词。例如：

(19) 非会员　非男会员（内部结构为：非/男会员，而不是：非男/会员）

(20) 不干净　不干净的衣服（衣服的干净与否是动态的，临时的）

(21) 没熟　没熟的苹果（"熟"在这里是一个过程）

"非"否定的是内在属性，"不"和"没"否定的是外部特征和过程。以上由非谓形容词和名词构成的单位因为其表达的是对象的内在的稳定的属性，更接近一个整体性名词，所以只能接受"非"的否定，而无法接受"不"的否定。例如：

(22) a 非重型机器　非优等生　非老牌汽车　非长期生
　　　b *不重型机器　*不优等生　*不老牌汽车　*不长期生

对于我们来说，区分它们是非谓形容词还是区别词不重要，重要的是它们只能修饰名词。因此本质属性上它们是形容词，是普通话中不带"的"标记的形容词。根据刘丹青（2005b），不加标记的形容词应该是更为典型的形容词。国内部分学者将其排除出形容词家族，或许是不太合适的。

以上两小类"形名组合"中的修饰成分都属于"粘合"修饰语①，陆丙甫(1988:102—115)的"称谓性"定名结构包括以上的"形名组合"。"称谓性"的概括是比较准确的。

2.2 必须加"的"

下面的形容词作定语，在最简结构中，所构成的名词短语单独使用或直接充当句子成分，形容词必须加"的"。这里排除其他成分干扰（如多个修饰成分叠加挤压），特定条件下它们可以删除（刘丹青，2008）。这类名词短语朱德熙(1982)称为"组合式偏正结构"，它们占形容词的多数，共有四类。

第一类：

(23) 健壮＊(的)身材　　广阔＊(的)视野　　恶劣＊(的)态度
　　 甜蜜＊(的)爱情　　平坦＊(的)公路　　忧郁＊(的)表情
　　 美丽＊(的)景色　　疲惫＊(的)身躯　　周密＊(的)计划

我们要研究的是这些形容词单独使用时的组合条件，其他条件下的删除规则另行讨论。在我们所观察的 1471 个常用形容词中，这类词占绝大多数。

第二类是形容词带程度副词：

(24) 很漂亮＊(的)姑娘　　很干净＊(的)衣服
　　 很熟悉＊(的)面孔

第三类是形容词的生动形式或重叠形式：

(25) 干干净净＊(的)教室　　漂漂亮亮＊(的)房间

---

① 朱德熙(1982:148)将这类"形名组合"结构称为"粘合式偏正结构"，为统一起见，本书均作"粘合""粘着""粘附"等，其中"粘"不用"黏"。

大大方方＊(的)态度

第四类是所谓的状态形容词①：

(26) 火红＊(的)太阳　　碧绿＊(的)湖水
　　　冰冷＊(的)态度

不少学者将第三类和第四类合为状态形容词。我们分开，因其构成方式不同。以上形容词短语很容易抽象出一个共同特征：具有程度属性，如张国宪(2007)。但如果做进一步探究就会发现，这些程度属性表明的是说话人对当时所面对的对象的状态的主观描述。再进一步，说话人之所以要如此描述，是因为他当时所陈述的对象的状态不是默认状态，而是一种临时状态，或新信息，值得加以描述。因此，这些形容词本质上是对名词的主观描述。刘丹青(2005b)将这些形容词定语处理为关系小句符合这一特征。关系小句的本质是对名词的描述或述谓。正因为这些形容词是对名词的描述，所以例(23)类中所有的形容词或形容词短语只能用"不"来否定，不能用"非"来否定：

(27) a 不健壮的身材　　不恶劣的态度　　不平坦的公路
　　　　不周密的计划
　　　b ＊非健壮的身材　＊非恶劣的态度　＊非平坦的公路
　　　　非周密的计划

如果说，2.1节中所讨论的不可加"的"的形容词及其所构成的名词或名词短语内涵都是稳定的、客观的、内在的，接近名词整体，所以只能用"非"来否定，那么本节所列举的必须加"的"使用的形容词及其构成的名词短语，语义内涵都是变化的(动态的)、主观

---

① 一般将形容词的重叠形式或生动形式归为状态形容词，语义特征上完全没有问题。我们先从形式或形态上作出区分。它们是通过形态操作得到的，其他状态形容词是通过词根合成的(如"火红""碧绿"等)。

的、外在的。例如,"健壮""漂亮""干净""火红"都是外显的、可变的(即当时的状态,而非永久状态),所以只能用"不"来否定。沈家煊(1995,1999)认为"的"具有使形容词从无界变为有界的一个功能,这一假设无法解释"不健壮[无界]的[有界]身材[无界]"中有界和无界的不匹配现象。如果仅从"界性"理论来看,可以认为,"非"倾向于否定有界的内在属性或名词整体,"不"倾向于否定无界的外部主观特征(语法表现上含有"的")。因而"非男会员"分析为"非/男会员","不健壮的身材"分析为"不健壮的/身材"。张国宪(2007)将形容词接受"不"的否定解释为"程度属性"。我们认为,主观上外在的"可变""动态""描述""述谓"或许是这些形容词更本质、更一致的属性。这些属性可以统一解释"不"否定形容词和动词,而"程度"假设无法对动词的否定作出解释。

例(23)—(24)中的形容词与其说表达的是名词的属性,不如说表达的是名词所指称的对象当时的状态。所以,广义上将这四类全部归入"状态形容词"也是有道理的,内部也是一致的。

以上两节所讨论的形容词用和不用"的"构成的对立表明,不可用"的"的形容词表达的是名词稳定的内在属性,陆丙甫(2003)概括为"指称性",因此只能用"非"来否定;必须用"的"的形容词表达的是名词的外在、临时、动态的属性,具有描述和述谓功能,只能用"不"来否定。

2.3 可加可不加"的"

下面的形容词修饰名词单独使用时可加可不加"的",其中可分为两个小类:

(28) 黑(的)天鹅

(29) 酸(的)奶

(30) 漂亮(的)姑娘

(31) 破旧(的)衣服

(32) 干净(的)衬衫

(33) 感人(的)事迹

(34) 正确(的)观点

(28)—(29)为一类,(30)—(34)为一类。前一类不加"的"的成员与2.1.1中的不一样。2.1.1中的"小人"不可以扩展为"小的人",而"黑天鹅"可以扩展为"黑的天鹅"。以上不加"的"的结构在母语者语感中是典型的名词,内部结构紧密,词典收录,(30)—(34)不加"的"一般看作名词短语,可作结构类推,词典不收。这些在最简结构中可加可不加"的"的形容词在我们观察到的1471个形容词中占少数(大部分倾向加"的")。现在讨论,这些可加可不加"的"的形容词,用"的"和不用"的"的区别在哪里?

我们前面假设:不用"的"表达的是名词的整体性,内在稳定不变的属性,通常特指一个小类,陆丙甫(1988:102—115)将其归纳为"称谓性",并认为用"的"的结构有区别性和描写性。陆丙甫(2003)前进一步,认为"的"有区别性和描写性两种,但主要是描写性的,区别性是派生的。对于区别性和描写性,我们统一用描述性或述谓性来概括,因为描述性或述谓性可以蕴含区别性。有描述性则一定有区别性,有区别性则未必有描述性。如"男厕所""女厕所"中的"男""女"有区别性,但其主要功能是称谓而非描述。相反,任何描述都有区别功能。下面我们继续证明这一假设。我们先看(28)—(29)单音节形容词加与不加"的"的使用,我们用描写母语者的语感来证明(该证明较弱,列为旁证):

(28') a 黑天鹅:特指某一小类,内在属性稳定,基因决定的,天生是黑色的。

　　b 黑的天鹅:描述天鹅中羽毛为黑色的,不一定为基因决定,或许是被污染为黑色,或许为偏黑色。在描述

"天鹅"为"黑色"的同时,作了与其他天鹅的区别。

(29') a 酸奶:特指某整体,内在稳定属性是含乳酸菌,无论酸还是不酸,都称酸奶。

b 酸的奶:描述奶中变酸的奶,不一定含乳酸菌,不一定可食用。在描述"奶"为"酸的"同时作了与正常奶的区别。

(30)—(34)双音节形容词加名词的结构较长,似乎不容易理解为一个名词,其实本质上它们属于一个名词单位,限于篇幅,我们仅举两例说明:

(30') a 漂亮姑娘:对描述对象分类,该成员有"漂亮"属性。

b 漂亮的姑娘:对"姑娘"的描述,并非对描述对象分类。

(31') a 破旧衣服:对描述对象分类,该类成员"破旧"的属性稳定,不变。

b 破旧的衣服:并非对描述对象分类,描述衣服的外貌,如,张三穿着一件破旧的衣服。

测试:

(30') c 非漂亮姑娘不准入内　　＊不漂亮姑娘不准入内
　　　d＊非漂亮的姑娘不准入内　不漂亮的姑娘不准入内

(31') c 本处回收非破旧衣服　　＊本处回收没破旧衣服
　　　d＊本处回收非破旧的衣服　本处回收没破旧的衣服

如果没有其他结构因素的干扰,定语和名词之间加不加"的"完全取决于说话人所要表达的概念内涵。若要表达一个属性稳定的整体,则不用"的";若要表达一个临时性的动态的相对性的对象,或凸显对名词的描述,就选择使用"的"。

3 取消"区别词"的理由及形容词修饰语连续统假设

3.1 区别词就是形容词

最早提出"非谓形容词"并公开发表的是吕叔湘、饶长溶(1981)，朱德熙将其定为区别词(1982:52—54)。齐沪扬(1990)认为区别词不是形容词，依据是形容词和动词同属谓词，作谓语是形容词的必有功能，而区别词不具有谓语功能，所以区别词不是形容词。袁毓林(1995,2005)用原型理论以及分布特征和权值设定将区别词和形容词区分开来，郭锐(2002:196)认为作定语并不是形容词的本职功能，而是跨类功能，即兼有区别词的性质。

如果我们将形容词从语义功能上定义为修饰名词且自身不是名词或动词的词，或者专为修饰名词而产生的词，显然"非谓形容词"则预设了一种中国眼光，其逻辑三段论为：形容词作谓语是其基本属性，这些词不能作谓语，所以不是典型的形容词。"区别词"理论则走得更远。

从类型学角度看，尽管有不少语言的形容词可以直接作谓语，但实际上直接作谓语并不是形容词典型的句法功能。在形容词独立成类且较发达的语言中，形容词的典型句法功能是作名词的定语。形容词作谓语在很多语言中需要通过系动词的联系或其他形态标记来实现其述谓功能，传统英语语法书甚至将谓语部分的形容词处理为"表语"。Dryer(1992)和 Haspelmath(2006)在建立 15 对测试 VO 还是 OV 语言的相关参项时，列举的形容词作谓语就用了系动词在形容词前还是形容词后的参项。系动词在很多语言中是形容词作谓语的一个句法条件。

与中国眼光相反的是狭隘的印欧语眼光。如 Hengeveld 认为形容词不能直接作谓语，而汉语中的形容词能作谓语，因此，汉语没有形容词，只有动词。显然 Hengeveld 犯了一个典型的以偏概全或不完全归纳的错误。此外,Hengeveld 还在逻辑上犯了一个推理上中项两次不周延的错误,比如,动词可以作谓语和定语,汉语形容词(如"漂亮")可以作谓语和定语,所以汉语的形容词(如"漂亮")是动词。"可以作谓语和定语"在前提中两次不周延,违反了逻辑规则。汉语中有大量的专门用于修饰名词的形容词,其中就有所谓的"非谓形容词"(张伯江,1997)。

因此,用区别词来区分这类词与其他形容词,或者认为汉语没有形容词,或形容词属于动词(沈家煊,2012),这或是特定的中国眼光,或是特定的印欧语眼光。

如果用人类语言的一般共性眼光来看待区别词,不难发现这样一个事实:所谓的非谓形容词或区别词就是专门用来无标记地修饰限定名词的词,它不能直接作谓语。据此,我们有充分的理由确定这类词属于形容词,而且是一般意义上更为典型的形容词。

3.2 名词前形容词修饰语连续统

至此,我们可以将第 2 节中的描写归纳为一个前置于名词的形容词连续统,这个连续统根据从内到外、从静到动的原则顺序排列为:

形容词 1:相当于传统的非谓形容词或区别词,限定名词核心的内涵属性,名词短语结构紧密,整体性强;

形容词 2:粘着性最强的形容词,单独用可以接受程度副词的修饰,修饰名词不加"的"构成的名词短语结构紧密,整体性强;

形容词 3:可用可不用"的",用与不用"的"区别在于整体性和描述性(或述谓性),用不用"的"有不同的解读;

形容词 4:必用"的",形容词对名词的描述性和述谓性突出;

形容词 5:必用"的",形容词的动态性凸显,可以将定语直接后移到名词后作谓语。

从"形容词 1"到"形容词 5",构成一个连续统,用表 10-3 表示如下:

表 10-3

形容词 1	形容词 2	形容词 3	形容词 4	形容词 5
慢性病	矮个子	漂亮(的)姑娘	忙碌的生活	雪白的衬衫
大型演唱会	冷僻字	破旧(的)衣服	狂热的报道	雪白雪白的衬衫
不加"的"		可加"的"		必加"的"
整体性、称谓性强		中间状态		描述性/述谓性

概括地讲,左右两端各有两类,中间有个混合类。这是我们根据以上描写得到的结果。沈家煊(1997)也有一个连续统:

非谓形容词——单音形容词——双音形容词 A——双音形容词 B 与状态形容词乙——状态形容词甲——唯谓形容词

总共 6 类,与我们不同的是沈先生多出一个"唯谓形容词"。根据系统自洽原则,如果一类词专门用来作谓语,那么该类词不应该是形容词,而应该是动词。有学者甚至质疑是否真的存在唯谓形容词(邵霭吉,2008)。

如果将这些形容词换到名词后面作谓语,则"形容词 1"需要两个标记("是""的"),"形容词 2"到"形容词 4"需要一个标记(如"很"),"形容词 5"不需要标记。这也符合沈家煊(1997)的标记模式。本章第 4 节中将用"增强描述性"对"的"和"很"做统一解释,或许比沈家煊(1997)前进了半步。

如果统一考虑所有的名词修饰语,可以将这个连续统进行扩展,大致上是,在"形容词 1"前有名词修饰语,如"啤酒肚、牛皮包、棉布衬衫"等;在"形容词 5"后面有动词短语作定语的较为典型的关系小句定语,如"新买的车、逃走的犯人"等。这样构成名词前置修饰语的 7 个等级,如图 10-2:

名词——形容词1——形容词2——形容词3——形容词4——形容词5——关系小句
　　　　　　不用"的"　　　　　　可用"的"　　　　　必用"的"

图 10-2

4 形容词与程度副词的选择

前面我们讨论的是形容词修饰名词时,从不可加"的"到可加可不加"的",再到必须加"的"的连续统。在语义功能上,它们大致对应于从指称其内在属性到描述其外在特征,描述性或述谓性不断增强的过程。本节先讨论形容词一般条件下是否接受程度副词修饰的问题(4.1和4.2节),然后讨论形容词作谓语时接受与不接受程度副词修饰的问题(4.3节),我们试图从功能上将形容词修饰名词时用与不用"的"的现象联系起来做统一解释。

4.1 不可用程度副词

本节先讨论什么样的形容词在什么条件下不能接受程度副词的修饰。

参照第 2 节的描写,可以发现,在 3.2 小节所列的连续统表中的"形容词1""形容词2"和"形容词5"三个小类不可使用程度副词修饰。其中的原因是不同的。

"形容词1"是传统意义上的非谓形容词或区别词,这类词不用程度副词修饰有两个原因。首先,这类词和名词构成的结构内部紧密,相当于一个名词,名词不接受程度副词的修饰是人类语言的普遍共性。某些名词接受程度副词的修饰是因为这些名词具有某些显著特征,程度副词针对这些显著特征进行修饰,实际上使得原来的名词获得了形容词的属性(如"很女人"),我们不讨论这类名词。

"形容词1"不接受程度副词修饰,更重要的原因是,这些形容词的语义内涵是事物的特征和分类,例如下面的"形容词1":

(35)彩色、草本、初级、雌、大号、大陆性、大型、单、单一性、独生、短期、副、公、国办、国营、海洋性、荤、活期、急性、简装、金、精装、军用、劣等、流线型、慢性、冒牌、民办、民营、民用、母、男、男式、女、女式、潜在、亲生、人造、上等、双、死期、素、特等、特级、万能、无偿、无条件、无限、西式、稀有、现行、小型、雄、阳性、野生、业余、阴性、银、有偿、有条件、有限、远程、长期、正、直线型、职业、中程、中式、中型、综合性

所有这些属性全部为客观性,缺乏主观性,缺乏程度义素。一个客观的、不含程度义的概念要接受程度副词的修饰,是不合逻辑的。

"形容词2"如果单用,可以接受程度副词的修饰,但是当它们一旦与名词组合成一个名词短语,这些形容词不再接受程度副词的修饰,主要原因与上面"形容词1"不接受程度副词修饰相同。如：

(36) *很暗道、*很笨鸟、*很馋猫、*很大门、*很俗人、*很矮个子,*很薄皮儿、*很长袖子、*很丑小鸭、*很臭鸡蛋、*很蠢驴、*很粗绳子、*很胆小鬼、*很富二代、*很干燥剂、*很公平秤、*很滑稽戏、*很机灵鬼、*很懒汉、*很狼狈相、*很冷僻字、*很潦草字、*很零碎钱、*很混沌理论、*很落后分子、*很流行音乐

一旦这些形容词与名词分离单独使用,它们可以接受程度副词的修饰。这一点我们下面会讨论到。

"形容词5"不接受程度副词的修饰,是因为这部分形容词已经具有程度义,根据经济原则,凡已经表达明显程度义的形容词不再接受程度副词的修饰。如：

(37) *很红彤彤　　*很雪白　　*很干干净净　　*很肮里肮脏

以上也证明了沈家煊(1997)的标记模式：性质形容词作定语无标记,作谓语有标记;状态形容词作定语有标记,作谓语无标记。

4.2 可用可不用程度副词

我们在2.3节举过下面在最简结构中可用可不用"的"的形容词的例子：

(38) 黑(的)天鹅、酸(的)奶、漂亮(的)姑娘、破旧(的)衣服、干净(的)衬衫、感人(的)事迹、正确(的)观点

这些例子中如果有"的"，那么程度副词是可选的、自由的。下面讨论关键问题：用不用"很"的差别，以及它与用不用"的"之间的相关性。

我们知道，一个典型的名词或名词短语无法接受程度副词的修饰。因此下面的组合不成立，不言自明：

(39) *很黑天鹅、*很酸奶、*很漂亮姑娘、*很破旧衣服、*很干净衬衫……

我们在2.3节中还指出过，因为"的"将形容词和名词分离开来，用"的"表现结构是临时组合，由于"的"将形容词和名词分开，凸显或提升了形容词的描述性或述谓性。因此能够与名词分开的形容词都蕴含程度属性。

那么，形容词与名词分开是如何获得程度属性的？这与说话人有关。我们知道，任何描述都是说话人的描述，说话人的描述都具有主观性，而主观性具有程度等级。因此，形容词从表达名词的属性到获得程度属性的路径大致如图10-3：

名词内在属性 ＞ 独立描述名词 ＞ 程度属性
　　　　　　　　　　↑
　　　　　　　　　主观性

图 10-3

形容词获得独立描述名词的功能后，通过说话人的主观性获得程度属性，由此可接受程度副词的修饰，否则由于其没有独立的

描述功能,也因此不含有说话人的主观性,也没有程度属性,所以也不能接受程度副词的修饰。下面修饰名词的形容词由于有"的",名词和形容词分开,获得独立的描述性,由于描述具有主观性,所以可接受程度副词的修饰:

(40) 非常黑的天鹅、非常酸的奶、非常漂亮的姑娘、非常破旧的衣服、非常干净的衬衫、非常感人的事迹、非常正确的观点

4.3 必用程度副词

形容词在名词前使用程度副词只有两种情况:一种是不可用,一种是可用可不用。不可用程度副词的有两种情况:一是形容词是名词的一部分,其中包括非谓形容词与名词捆绑为一个整体;另一种情况是状态形容词作定语,因为其本身已经具有程度属性,所以不再接受程度副词修饰。可用程度副词的形容词都是独立描述名词的。没有强制使用程度副词修饰的形容词。这是前面都讨论过的问题。

形容词倾向于必用程度副词的,只有一种情况,那就是形容词作谓语,独立描述名词的属性。下面讨论形容词在名词后独立描述名词的属性何以必加程度副词。

张伯江(2011)将形容词作谓语的程度副词解释为类似英语的系动词。我们试图在张文的基础上再进一步。根据前面的分析,我们假设:紧挨着名词前后的位置是人类语言形容词最原始的句法位置,该句法位置的功能主要用来限定名词的外延或内涵,由于位置相邻,结构紧密,倾向于无标记结构模式。

如果形容词要独立对名词进行描述,必须离开紧邻于名词的句法位置,拉开与名词的句法距离,或用其他附加标记来彰显形容词的描述功能。汉语普通话通过插入结构助词"的"的句法操作来完成。换句话说,在名词前插入"的"是为了使形容词获得描述功能。同样地,如果"形容词2""形容词3""形容词4"在名词后紧挨

着名词,它独立描述的功能无法实现。这样的描述性结构比较别扭。例如:

(41) 个子 *(很)矮。
(42) 姑娘 *(很)漂亮。
(43) 生活 *(很)忙碌。

为了使得这些形容词获得描述功能,普通话需将其与名词拉开距离,采用的方法是在形容词前插入程度副词。

根据这一假设,普通话中名词前形容词后的"的"是形容词获得独立描述功能的手段,也是描述性功能较高的形容词的标记,名词后形容词前的程度副词(典型的是"很")同样也是形容词获得独立描述功能的手段。在这一点上,"的"与"很"的句法功能一致。如图10-4:

形容词 __的__ **名词** __很__ 形容词
描述功能位　　　　　　　描述功能位

图 10-4

除了"很"以外的程度副词,在展现结构功能的同时,也表达了说话人的主观态度(程度高低),"很"更多的是结构的功能(参见张伯江,2011)。

至此,我们将名词前形容词后的"的"与名词后形容词前的程度副词(如"很")统一解释为形容词获得独立的描述功能:名词前的粘着性形容词由于其主要功能是表达名词的内在属性,倾向于名词内部成分,不凸显描述性,所以不用"的";名词前的组合性形容词,由于其需要凸显描述性,所以需要通过插入"的"的操作获得描述功能。名词后的形容词由于其主要功能在于描述名词,更接近谓语的功能,因此,紧贴名词的位置无法让其获得描述功能,需要通过插入程度副词的句法操作使其获得描述功能。状态形容词由于本身具有较强的描述性,不插入程度副词(如"很")的句法操作,可以直接描述名词,充当谓语。至此,我们将沈家煊(1997)的标记组配模式改造如表 10-4：

表 10-4

小类	非谓	单音节	普通	高描述	状态
用例	慢性病	矮个子	漂亮（的）姑娘	忙碌的生活	雪白的衬衫
定语	不加"的"，不加"很"		可加"的"	必加"的"	
谓语	必加"是……的"或"很"		加"很"	不加"很"	

上表从左到右，描述性由低到高，作定语从不加"的"到必加"的"；从右到左，描述性由高到低，作谓语从不加"很"到必加"很"或"是……的"。这便是沈家煊（1997）标记颠倒组配的实质。这也体现了汉语形容词内部由倾向表达名词内在属性到倾向描述名词外部状态的功能连续统。

5 小结

形容词在人类语言中的基本属性是修饰名词。发生学上形容词是名词的"女儿"。形容词与名词的自然组配是无标记的。因此，绝大部分有形容词的语言，形容词与名词都能自然组配，不需要特别联系项。在形态缺乏的语言中，形容词与名词采取句法位置相邻表达其句法关系［若二者不相邻，则需要结构标记，可参看陆丙甫（2004）"距离标记对应律"］。在名词前和名词后都有，后置的更多。如果形容词与名词的句法组配需要某种联系项，这种句法组配有特定的句法意义。

普通话形容词如果与名词句法相邻，结构紧密，描述性就低，整体性就高，因其描述性低且不具主观性，故无法接受程度副词的修饰。若要使形容词获得独立的描述功能，需要拉开名词与形容词的距离。若形容词在名词前，则在二者间插入"的"。同理，如果形容词本身具有较高的描述性，则要求这样的形容词加"的"。由于描述是由说话人实现的,因此描述具有主观性,这一主观性又获得了程度属性,从而可接受程度副词的修饰。若一般形容词在名词后作谓语,要实现描述功能,则在二者间插入程度副词。常用程度副词"很"更多地肩负起了结构的功能而非表达程度的功能。因此本身具有高描述性的或已经含有程度语义的形容词不需要"很"就能承担谓语功能。

在使形容词获得独立描述功能或提升形容词的描述功能方面,"的"与"很"一个在名词前,一个在名词后,辅助结构的功能相同。

普通话中的状态形容词因其具有过高的描述性或述谓性,在名词前作定语必须用"的",否则因其过高的描述性而与紧贴名词内部结构紧密整体性强的名词性短语功能上冲突。状态形容词在名词后作谓语不需要程度副词,也同样是因为它具有过高的描述性和程度属性,不需要程度副词的帮助,这也证明了我们的理论假设。

思考与练习

1. 名词解释

1)实词词类的基本类型;2)汉语形容词多功能连续统;3)非谓形容词

2. 练习题

1)请用分布分析法描写后置介词(传统汉语语法称其为"方位词")"上"(例如"桌子上""床上")必用、可用和必不用的句法条件。

2)请用分布分析法描写结构助词"地"的必用、必不用和可用/可不用的句法条件。

3)请用分布分析法描写同一动词短语内部使用结构助词"得"和不用结构助词"得"在语义上的差别,同时证明这种差别的客观性。

第十一章 对词尾语法标记的描写
——以词尾"了"为例

0 引言

作为孤立型语言,汉语语法中充分语法化的成分并不算多,最常见的已经语法化的成分主要是时体助词"了""着""过"和结构助词"de"以及语气助词"的""了""吗""呢"等。这些语法化的成分通常具有某种融合性,即一个成分可能同时表达多个语法意义。因此如何描写分化这些成分的语法意义和功能就成为一个重要课题。本章描写普通话中动词后面的语法化成分"了"。

本章采用较为严格的实验科学方法,从最简单的研究对象开始,从最原始的概念出发,对谓词等后面的"了"[①]作较为详细的描写分析。这种从最简状态出发一步步深入和展开的思想,在 Lu(1998)中有很好的表述。本研究或许无力涉及所有结构加词尾"了"的类型,但是本研究试图建立的研究方法可以推广到相关尚未涉及的对象上。因此,也许本研究的过程比结果更重要。

我们总体上将词尾"了"作为一个常项,其他影响体意义成立或变化的成分设为变项。遵循由简单到复杂的程序,变项的加入将严格遵循"N+1"的方法逐步加入(其中 N 为已知的常项,1 为未知的变项,在每一个研究流程之后设置一个计数器:N = N+1),

---

[①] 即词尾"了"。如果"了"的后面不再有其他成分,属于句尾"了"。因此"三天了"不属于词尾"了",而是句尾"了"。

每次实验都仅仅考察一个变项。例如,设 N 为 1,则 N+1=2。计数器:N = 2,再进入"N + 1"的下一个流程。

金立鑫(2003)强调要为研究设置一个"干净的操作平台","干净的平台"是指没有其他因素干扰的情况,例如特定语境,或者非结构必备成分的干扰。除了特别的要求,例句的语境应尽可能为"最简语境"或"中性语境"。我们研究的是和"时间""动态"有关的问题,因此对涉及的"时间"等也从最简单的、默认的"值"(默认值、缺省值)开始。设置这样一个"干净"的操作平台的目的是保证研究过程不受其他因素的干扰,从而保证研究结果的可靠性。

进入研究之前先要说明两个问题:常项的属性如何确定;常项和变项的关系。某个常项要作为基本参数,首先需要确定这一常项的基本属性。也就是必须先对这一常项进行充分的研究。其中一个方法是将这个常项先作为变项进行考察,而与这一变项相对的常项,其属性是已经过充分研究的、已经证实的(或者无需证明的公理),待这一变项的基本属性得到明晰之后,再将其作为实验的常项,以考察更为复杂的结构项。因此常项和变项之间是可以转换的。因为由初始项出发经过论证得出的结论,对前一个流程是变项,对下一个流程则是常项。

对四个术语的说明:
实现:行为得到实施。
结束:行为得到实施,并已经结束(不一定有结果或完整)。
延续:分行为的持续和状态的持续两种,状态的持续包括行为得到实施后的状态持续至参照时间。
参照时间:是指所要叙述事件的背景时间。缺省时间指示时,默认为说这句话的时间点;有时间指示时指言语中所陈述的事件所发生的时间背景。例如:

A:她笑了。
B:我去的时候,她笑了。

A的参照时间默认为"说话时";B的参照时间是"我去的时候"。

在逻辑上"结束"和"延续"均蕴含"实现"。一种行为无论是结束还是延续,实现是前提。然而"实现论"并没有区分行为得到实现之后的一系列动态类型。这是不少研究者和教学者所诟病之处。我们研究的一个目的也在于试图区分不同"实现"体下面的各种动态类型及其句法条件。

1 X＋了,当且仅当X为一个谓词性成分

本小节设X为常项,以"了"为变项进行对比考察。

在研究独用动词和动词加"了"这两种"结构"时,无疑,动词成了常项,而"了"却不得不作为变项来处理。我们用不同的动词作为常项,对比加入和不加入词尾"了"的两种情况,考察加入"了"变项以后所发生的变化,由此我们可以得到"了"的功能和基本属性。

汉语中最简单的独用结构主要是单独的名词、数量词、动词和形容词。单独的名词、数量词所加的"了"都是句尾性质的"了",请见第十二章。我们从最简单的独用动词和形容词(默认它们带宾语,宾语缺省)句开始研究。

1.1 常项1:一般行为动词(弱持续性动词)

(1) a 吃。　　b 吃了(一碗饭)。①

(2) a 写。　　b 写了(一个字)。

说明:本研究例句括号中的成分没有语音形式,是缺省成分

---

① 此处仅研究词尾"了",不研究句尾"了"。因此这里的"V了"不是歧义句。严格来说括号中的宾语不应该提示,但为了方便和语感的需要,做了提示。其实这种提示包括本小节的过程都可以省略,直接进入本研究第二节,但是为了研究过程的需要,还是做了这样的处理。

［如实际的例子可以是：他吃了一碗饭吗？（他）吃了（一碗饭）］。因此以上例句不能将它们看作句尾"了"的结构形式。

根据马庆株（1981）的研究，弱持续性动词应该分作两类，例(1)动词"吃"的时间特征是：[＋完成][＋持续][－状态]；例(2)动词"写"的时间特征应该是[＋完成][＋持续][＋状态]。而我们认为"写"的所谓[＋状态]特征是有条件的（主语为处所名词，如：黑板上写了一些字），因此，主语也是影响体变化的一个变项，应分开考察（比较：他写了一些字）。在这里"吃"和"写"都缺省主语，因此是同质的。

a 例句无论是作为答句还是作为祈使句，跟 b 例句的差别都体现在行为"尚未实施"和"已经实施"上，而 b 类例句的行为不仅得到了实施，并且这些行为在"参照时间（说话时间）"已经结束，不再继续。为了证明上面的语感，我们可以用下面的疑问句进行测试：

(3) 你吃不吃饭？吃（饭）。
(4) 他写不写字？写（字）。

这是对行为还没有得到实施的测试。

(5) A：他吃了一碗饭吗？
    B：吃了（一碗饭）。　　＊吃（一碗饭）。
    A：他现在还在吃饭吗？
    B：不／没，他没在吃饭。＊还在吃饭。
(6) A：他写没写字？
    B：写了（字了）。　　＊写（字了）。＊写字。

(5)和(6)中的"V 了"得到了实施，并且行为已经结束，不再继续（可以记作：实现－结束）。这就是传统的"完成"或"结束"论的来源。应当承认，这类行为动词在汉语中占绝大多数。

1.2 常项2:强持续性动词①

我们将郭锐(1993)中的"前限结构动词"以及"双限结构动词"中的前个两小类中的部分能够加词尾"了"的动词也归入这一类。这些动词主要是:认识、认得、知道、晓得、熟悉、了解(以上为前限结构)、放心、懂、忽视、明白、轻视、顺从、误解、相信、姓、拥护、准许、重视、爱护、保持、保留、跟随、信任、依赖、关心、恨、坚持(以上属于双限结构中的前两类)。

(7) a＊躺。　　b？躺了。
(8) a＊生活。　b＊生活了。
(9) a 领导。　　b 领导了。
(10) a 养。　　　b 养了。

(7)和(8)是不及物动词,b例大多不能单独回答问题。暂时不讨论,其他变项的加入使之成立应该另作研究。从这里可以看出强持续性不及物动词单独使用较为困难,无论是用于祈使句还是用于回答问题,受到很大限制。(9)和(10)中的 a 类和 b 类比较:

(11) a1 他领导没领导队伍？领导了(t)②。
　　　a2 他还领导队伍吗？他还领导队伍。
　　　b 他领导不领导队伍？领导(队伍)。　　＊领导了(t)。
(12) a1 她养没养宠物？养了(t)。
　　　a2 她还在养宠物吗？还在养宠物。
　　　b 她养不养宠物？养(t)。　＊养了(t)。

通过 a 和 b 的比较可以看出用不用词尾"了"的区别在于所发

---

① 是否所有的强持续性动词或前限结构动词、双限结构动词的前两类在使用词尾"了"后都能表达行为持续,还有待证明。我们试图通过加词尾"了"是否表达持续、结束等给动词区分出不同的类别。

② 为了方便,此处借用生成语法中"语迹 t"的概念,不再用括号补出省略的成分。

生的行为是否得到了实施。使用词尾"了"表示行为得到了实施,没有使用词尾"了"表示行为并没有得到实施。但是,这一类动词加词尾"了"以后,行为或状态还在继续,并没有结束(见以上例 a1)(这一体特征可以记作:实现—行为延续)。这是跟 1.1 中的动词所不同的。这是"实现—延续"论(竟成,1993,1996)的一个来源。关于延续的"持续时间"的性质,我们将在 2.1 中附带说明。

1.3 常项 3:非持续性动词

这一类动词相当于郭锐(1993)的"点结构"动词。

(13) a * 加入。　　b 加入了。
(14) a * 塌。　　　b 塌了。
(15) a * 死。　　　b 死了。
(16) a ? 熄。　　　b 熄了。

例(13)—(16)的各个 a 例一般情况下不能单独成句。如果组织成句子,不使用词尾"了"的话,仅仅能在祈使句中可以看见。因此,不带"了"的非持续性动词仍然可以看作是表现未能得到实现的行为。

b 例在默认的情况下,属于答句形式,表现的是行为得到了实施,论元缺省。这一点可以用问答形式看出来:

(17) 他加入没加入九三学社?加入了(t)。
(18) 房子塌没塌?(t)塌了。
(19) 牲口死没死?(t)死了。
(20) 灯熄没熄?(t)熄了。

非持续性动词一旦得到实施,立即进入行为后的状态。因此,非持续性动词具有双重功能,一方面它表示行为本身,同时也表示主体实施行为后所进入的状态。作为行为,瞬间已经结束,但是作为行为后发生的状态,却在延续。上面例句可以通过疑问测试来

证明行为的结束和状态的延续,如:

(21) *还在加入吗?
(22) *还在塌吗?
(23) *还在死吗?
(24) *还在熄吗?

这说明这些事件中的动作行为没有延续,已经结束。

(25) 他在九三学社里吗?
(26) 房子塌着吗?("着"表示塌了以后的状态的延续)
(27) 灯熄着吗?("着"表示熄了灯以后状态的延续)

如果以上问题成立,这些问题可以选用肯定回答,用来说明行为结束以后状态的延续。

因此,如果用"实现—延续"来概括这一类句子的体特征,这里的"延续"已经换了概念。它们与 1.2 中的强持续性动词所具有的"延续"特征完全不同,强持续性动词使用"了"以后表现的是行为本身的延续,而此处却是行为结束后所产生的状态的延续,可以记作:实现—状态延续。

1.4 常项 4:形容词

(28) a *平。　　　b 平了。
(29) a *红。　　　b 红了。

形容词带上动态助词,有两种情况:一种是从"表性质变成表行为";另一种是"从一种性质(或状态)改变为另一种性质(或状态)"。前一种实际上是词性发生了变化,后一种词性没有发生变化。参考下面的比较:

(30) a 平不平?　　b 平。
(31) a 平没平?　　b 平了。

(32) a 红不红？　　b 红。
(33) a 红没红？　　b 红了。

(30)是歧义的,可以做形容词和动词两种理解。作动词理解,是没有得到实施的行为,如:"今天平不平地？平。"(31)作动词理解,行为得到了实施,并且已经结束,这和一般行为动词无异。(32)只能作形容词理解。(33)只能是问性质的变化。看来,形容词中还可作更细致的分类。

实际上形容词根据带"了"的情况可以分为三类,其代表分别如下:(1)平、弯、端正等;(2)红、烂等;(3)新、久等。

请看下面的疑问句测试:

(34) a 地平不平？平。
　　　b 平不平地？平(t)。
　　　c 平没平地？平了(t)。
(35) a (脸)红不红？红。
　　　b * 红不红(脸)？
　　　c 红没红(脸)？红了(t)。
(36) a (衣服)新不新？新。
　　　b * 新不新(衣服)？
　　　c * 新没新(衣服)？

从(34)到(36)三类形容词的"动作性"依次递减。(34)和(35)的区别在于"自主"和"非自主"。"平"作为动词是自主的,而"红"作为表示变化的动词,不可能是自主的。因此没有(35)b的用例,除非专业的或特殊情况。(36)"新"是完全无法作动词使用的类。

因此,形容词带"了"和宾语,分为自主性和非自主性两种。自主性的表示动作的结束,并且涉及的对象进入动作结束后的状态,这种状态还在延续;非自主的表示性质或状态的变化,变化后的性质或状态还在延续。

总的来说,形容词带"了"在体的类型上跟非持续性动词相似,也记作:实现－状态延续。

1.5 小结

现代汉语谓词性成分加词尾"了"在体特征上表现为三种细微的差别:(1)行为得到实施,并且已经结束(一般行为动词或弱持续性动词);(2)行为得到了实施并且还在持续(强持续性动词);(3)行为得到了实施,行为(或加工)对象(或主体)的状态发生了变化,变化后的状态还在持续(非持续性动词、形容词)。见表11-1:

表 11-1

弱持续性动词＋了	实现－结束
强持续性动词＋了	实现－行为延续
非持续性动词＋了、形容词＋了	实现－状态延续

它们都是在默认状态下观察后得到的结果。

2 V了＋X,当且仅当 X 为宾语性成分

在第1节中我们考察了谓词带"了"的四种情况。在本节中,我们将第1节中的四种情况记作"V了",在此基础上加上其他变项进行考察。第一个加入的变项是宾语性成分。以下分别讨论。

2.1 常项1:"V了"为"弱持续性动词＋了"

(37)？吃了饭。

(38)？写了字。

汉语学界公认(37)和(38)都是不能单说的。但是下面的句子可以:

(39)（疯狗）吃了太阳。
(40)（　）吃了一碗饭。
(41)（对联）写了仿宋。
(42)（　）写了一个字。

从不能说到能说,竟成(1996)用"时界"来解释,也有用"时间跨度"来解释的。这个问题与本研究主旨无关,暂不讨论。但是以上的例子说明,加入适当的宾语,"V了"的体仍然是"实现－结束",并没有发生变化。

但是如果这些常项加上变项"时量宾语",它们的体会不会发生变化呢？请看：

(43)（　）吃了一个下午。
(44)（　）写了两个小时。

它们仅仅突出了行为实施时所持续的时间。但是在默认的参照时间(说话时),行为已经结束。因此,它的体还是属于"实现－结束"。这类句子默认的对应的问题是：

(45) 这些菜吃了多长时间？/他们吃了多长时间？吃了一个下午。

(46) 这几篇文章写了多长时间？/他写了多长时间？写了两个小时。

如果在(43)和(44)后面加入其他变量(如"还没吃完")以造成句子的体的变化,那应该看作是其他强制性因素造成的。二者不应混淆。顺便指出,如果在(43)和(44)的后面加上句尾"了",就会发现,句尾"了"的作用是将行为延续到说话的时间。例如：

(47) 吃了一个下午了。（默认：说话的时候还在吃）
(48) 写了两个小时了。（默认：说话的时候还在写）

因此如果说"了"具有"延续到说话的时间"的意义的话,这一意义并不是"V了"赋予的,而是句尾"了"赋予的。这个问题我们应该在加入句尾变项的时候讨论,此处略提一二。

2.2 常项2:"V了"为"强持续性动词+了"

(49)( )领导了一支队伍。

(50)( )养了一群兔子。

在默认的时间参照点上,上面的例子的体都是"实现—行为延续":一般总是理解为到说话的时间为止,行为得到实施并仍在继续。

但是如果我们把变项变换为时量宾语,或者有时间性定语的宾语,情况就有所不同:

(51)( )领导了一个月(的队伍)。

(52)( )养了半年(的兔子)。

在默认的时间参照点中,上面的例子的体都是"实现—结束"。也就是说到说话的时间为止,行为得到了实施,但是已经终止。

显然这种变化是由我们加入的变项宾语的"时间量"定语引起的。陈平(1988:405)也认为句子的其他成分也会影响句子的"时相结构"。

因此,"强持续性动词 + 了 + 宾语"这一结构的实现体下面的小类意义是不确定的,至少到目前为止,它的小类体意义要根据宾语的定语的类别来确定。

2.3 常项3:"V了"为"非持续性动词+了"

(53)( )死了一头牛。

(54)( )熄了不少灯。

根据1.3中的研究,"非持续性动词+了"表示的是"实现—状态延续"的体意义。在上面的例子中,我们加入宾语及其数量定语,体意义并没有发生变化。依然表示行为得到了实施,行为对象或主体进入了行为后的状态,并且这一状态在默认的时候仍然在持续。

下面我们改变变项,将变项换为带有时量定语的宾语:

(55)（ ）得了三年冠军。

(56)（ ）熄了一夜灯。

上面的例子加入了时量词,这里的时量指的是宾语所获得状态的时间量(保持"冠军"的时量和保持"灯熄"的时量)。如果说这些句子也有"延续"意义的话,这个"延续"在默认的说话时刻已经结束,不再保持这一状态。它们的体特征变成了"实现－结束"。这是"时量"定语所特有的功能。

2.4 常项4:"V 了"为"形容词＋了"

(57)（ ）宽大了一批俘虏。

(58)（ ）热了三个馒头。

(59)（ ）肥了个人。

(60)（ ）烂了一筐苹果。

在 1.4 中我们观察到,形容词带"了"在体的类型上跟非持续性动词相似,属于"实现－状态延续",在上面的例子中,这种体特征并没有发生改变。行为主体或对象从一种状态改变为另一种状态,并处于另一种状态之中。

顺便指出,(57)和(58)是自主的,(59)和(60)是非自主的。前者可以用"V 不 V"和"V 没 V"提问,后者只能用"V 没 V"提问。也就是说后者通常情况下必须采用"V 了"的形式。

2.5 小结

"V/A＋了"加上宾语之后,弱持续动词和形容词的体没有发生变化,而强持续性动词和形容词在体特征上却发生了一些变化,而且这些变化都和加入时量定语有关。看来时量词具有封闭行为、指示行为终止的作用。本节结果如表11-2:

表11-2

弱持续性动词+了+宾语	实现-结束
形容词+了+宾语	实现-状态持续
非持续性动词+了+宾语	(1)实现-状态延续 (2)实现-结束(有时量定语)
强持续性动词+了+宾语	(1)实现-行为延续 (2)实现-结束(有时量定语)

3 X+V了O,当且仅当X为主语

在第1节中我们将词尾"了"作为变项,考察了四类谓词带"了"和不带"了"所反映的体变化,得到了"实现"体下的三个小类。在第2节中我们将宾语作为变项,考察了"V了+O"得到了"实现"体下的四个小类。本节将引入另一个变项——主语,考察不同的主语加入后所引起的体变化。

3.1 常项1:"弱持续性动词+了+宾语"

3.1.1 变项:施事主语

(61) 我吃了一碗饭。
(62) 他写了一个字。
(63) 他吃了一个下午。
(64) 我写了两个小时。

以上例句的体并没有发生变化,还是"实现-结束"。

3.1.2 变项:处所主语

(65) 桌子上写了一个字。

(66) 头上扎了一只蝴蝶结。

(67) 院子里栽了两株树。

(68) 手里拿了一本书。

在上面4个例句中,行为"写""扎""栽""拿"都已经结束,但是行为结束后的状态却得以保持。在"状态的延续"的意义上这里的"了"可以和"着"互换:

(69) 桌子上写着一个字。

(70) 头上扎着一只蝴蝶结。

(71) 院子里栽着两株树。

(72) 手里拿着一本书。

可见,由于主语参数的不同可能导致体的变化。处所主语是使"弱持续性动词＋了＋宾语"具有"实现－状态延续"的主要因素。

3.2 常项2:"强持续性动词＋了＋宾语"

3.2.1 变项:施事主语

(73) 他领导了革命队伍。

(74) 朋友养了一群兔子。

以上例句的体并没有发生变化,还是"实现－行为延续"。但是如果我们给这些句子加上时量性成分:

(75) 他领导了三个月队伍。

(76) 朋友养了一年兔子。

和我们在2.2中观察到的一样,如果加上时量性成分,它们也是"实现－结束"。

因此,强持续性动词在施事主语变项中,因为宾语的定语不同,仍然具有两类不同的体特征。

3.2.2 变项:处所主语

(77) 桥上站了几个人。

(78) 自留地里养了一群鸡。

(79) 怀里捂了一只小布卷儿。

(80) 肩上背了一捆柴。

同 3.1.2 十分相似,上面 4 个例句中,行为"站""养""捂""背"都已经得到实施,但是行为实施后的状态却还在持续。在"状态延续"的意义上这里的"了"可以和"着"互换:

(81) 桥上站着几个人。

(82) 自留地里养着一群鸡。

(83) 怀里捂着一只小布卷儿。

(84) 肩上背着一捆柴。

因此,由于主语参数变换为处所主语,这一类"强持续性动词＋了＋宾语"具有了"实现－状态延续"的意义。但是如果宾语变项发生变化:

(85) 桥上站了半个小时。

(86) 自留地里养了一年。

(87) 怀里捂了半天。

(88) 肩上背了十分钟。

和 2.2 中的情况相同,上面的例子的体都是"实现－结束"。可见是动词后的时量性成分决定了"强持续性动词＋了＋宾语"具有"实现－结束"的意义,而与主语的类型无关。

3.3 常项 3:"非持续性动词＋了＋宾语"

变项:任何主语(此处仅列举人物和处所主语)

(89) 老王死了一头牛。

(90) 村子里死了一头牛。

(91) 老李熄了不少灯。

(92) 宿舍区熄了不少灯。

与2.3相似,上面例句中的行为得到了实施,并且行为对象处于行为后的状态,并且这一状态在默认的时候仍然在持续,仍然属于"实现－状态延续"。现在改变宾语参数:

(93) ?他断了四年手指。

(94) 老李熄了一夜灯。

(95) 宿舍区熄了一夜灯。

上面例子中的宾语变换为时量词,情况发生了变化,例(94)是指示行为实施的时间跨度量,但是根据说话的参照时间来判断,它的体却是"实现－结束",这是"时量"定语所发挥的功能。因为到说话的时间,行为已经结束。虽然例(95)中的时量表示的是状态的时间跨度,但也同样是"实现－结束"体,因为在说话的时候状态已经不复存在。

因此,时量成分是"任何主语＋非持续性动词＋了＋宾语"具有"实现－结束"的原因。

3.4 常项4:"形容词＋了＋宾语"

(96) 解放军宽大了一批俘虏。

(97) 炊事员热了三个馒头。

(98) 肥了个人。

(99) 他烂了一筐苹果。

在1.4中我们观察到,形容词带"了"在体的类型上跟非持续性动词相似,属于"实现－状态延续",在2.4小节中,这种体特征也没有发生改变。在这一节中,它的特征仍然没有发生变化。可以得出结论,在我们所设定的变项参数中,以形容词为核心的带"了"和宾语的句子,其体意义为"实现－状态延续"。

3.5 小结

由上可知,"V/A＋了"加上不同的主语,或当动词后有时量成分时,以上4种句式的体也会有不同的表现,本节结果如表11-3:

表 11-3

句式	变项	体特征
主语＋弱持续性动词＋了＋宾语	施事主语	"行为结束"体
	处所主语	"状态延续"体
主语＋强持续性动词＋了＋宾语	动词后有时量成分	"行为结束"体
	施事主语	"行为延续"体
	处所主语	"状态延续"体
主语＋非持续性动词＋了＋宾语	一般情况下	"状态延续"体
	动词后有时量成分	"行为结束"体
主语＋形容词＋了＋宾语	一般情况下	"状态延续"体

转换表格形式,合并同类项,可得表11-4:

表 11-4

体特征	句式	体特征决定因素	合并同类项
"行为结束"体	主语＋弱持续性动词＋了＋宾语	施事主语	[弱持续性动词施事主语句/动词后时量成分]＋了
	主语＋强持续性动词＋了＋宾语	动词后有时量成分	
	主语＋非持续性动词＋了＋宾语		

续表

体特征	句式	体特征决定因素	合并同类项
"状态延续"体	主语＋弱持续性动词＋了＋宾语	处所主语	[处所主语/非持续性动词/形容词]＋了
	主语＋强持续性动词＋了＋宾语		
	主语＋非持续性动词＋了＋宾语	一般情况下	
	主语＋形容词＋了＋宾语		
"行为延续"体	主语＋强持续性动词＋了＋宾语	施事主语	强持续性动词施事主语句＋了

4 小结

本研究通过实验科学的方法，从最简单的光杆动词或形容词开始，一步步加入各类变项，并对加入的变项进行了对比考察，廓清了以往研究中混淆质地不同的对象而得出的一些含混的结论。通过本研究的考察可以发现，"实现"被"结束"和"延续"蕴含；而"延续"被"行为延续"和"状态延续"蕴含。如图 11-1：

图 11-1

它们分别对应于不同的句法条件，其中动词的类型、主语的类型、动词后的时量定语/宾语对决定这些体小类起了重要作用。汉语句子中的体是由体助词和其他句子成分共同作用的结果。

以上论证与以往的"实现"论有不同之处:"着""过"所表现的体也蕴含了"实现"。因此,图11-1存在好几个空位,本研究篇幅有限,我们将另文研究。

本研究仅仅是采用这一研究方法的个案研究,大量的其他变体尚未加入,例如在以上研究的基础上加入句尾"了"这一变项,会发现句尾"了"还有以往我们未曾注意到的语义特征。有太多的变项本研究未能展开,希望得到同仁们的帮助和支持,也希望我们的研究能够给其他语法现象的研究带来一些新的思路。

思考与练习

1. 名词解释

1) 孤立型语言;2) 强持续性动词;3) 非持续性动词;4) 自主动词;5) 非自主动词

2. 练习题

1) 请用是否能使用副词"在"给汉语动词分类,然后通过结构分析描述这类动词的时间语义特征。

2) 请用是否能使用时态助词"着"给汉语动词分类,然后通过结构分析描述这类动词的时间语义特征。

3) 请用是否能使用动词重叠给汉语动词分类,然后通过结构分析描述这类动词的时间语义特征。

4) 证明下列例句表达的是"实现—结束"的时体意义。

(1) 桥上站了半个小时。

(2) 自留地里养了一年。

(3) 怀里捂了半天。

(4)肩上背了十分钟。

5)证明下列例句表达的是"实现—延续"的时体意义。

(1)老王死了一头牛。

(2)村子里死了一头牛。

(3)老李熄了不少灯。

(4)宿舍区熄了不少灯。

第十二章 对句尾语法标记的描写
——以句尾"了"为例

0 引言

很多学者认为,在语序类型学上汉语普通话属于 SVO 型语言,或者倾向于 SVO 型,但是这些学者忽略了一个重要的语言事实,那就是,SVO 型语言的标句词(或标句成分,complementizer)通常居于句首,只有 SOV 型语言的标句词或标句成分居于句尾。普通话中句尾的标句成分相当丰富,主要有"的、了、吗、呢、呀、哦"等。这些标句成分不仅标示一个句子的界限,同时也表达某些体(aspect)、情态(modality)、式(mood)的意义。

本章主要描写句尾"了"的时体意义,并建立这些时体意义和句法形式之间的对应关系,这种对应关系是"句法形式蕴涵时体意义"的充分条件关系,还远不是相反的"时体意义蕴涵句法形式"的充分条件关系,或"句法形式反蕴涵时体意义"的必要条件关系。但我们相信,随着研究的不断深入,现代汉语的时体意义和句法形式之间的对应关系一定能得到充分的揭示。届时,在何种条件下应该使用何种时体形式,将得到充分的解释。

0.1 句尾"了"体的内涵

金立鑫(1998b)曾经将"了"分为四种:动词后的"了$_1$";具有补语性质的"了$_2$"(马希文,1983);纯粹表示语气的"了$_4$"和句尾表示时体特征的"了$_3$"。本研究句尾"了"指的是"了$_3$"(《现代汉语八百词》或汉语教学上称其为"了$_2$",特此说明,以免误会)。

句尾"了"和"V 了"是两个不同的体标记。因此当"V 了"处于句子末尾的时候,这种句子的时体有歧义:

(1) 他吃了(开始吃、吃过了)

(2) 他做了(开始做、做过了)

(3) 他看了(开始看、看过了)

有学者认为,动词后宾语前的"了"和句尾"了"来源并不相同。刘勋宁(1985)证明了句尾的"了"与近代汉语中句尾"了也"的关系。赵元任(2011)认为句尾的"了"可能来自古汉语的句尾"来",并且这一现象仍然遗留在宁波话中。梅祖麟(1981)为此举出了日本学者调查的宁波话的例子。为了证实这些例子的可靠性,2001年5月我们调查了宁波(奉化—溪口)方言中的句尾"了",下列各种类型句子的句尾"了"在奉化(溪口)方言中都说成"来":

(4) 他看了三遍了。(其看了三遍来。)

(5) 下雨了。(落雨来。)

(6) 10 点了。(十点来。)

(7) 他是大学生了。(其是大学生来。)

(8) 我有工作了。(我有工作来。)

(9) 他会讲话了。(其会讲艾话来。)

(10) 他不去学校了。(其不去学堂来。)

(11) 他吃了。(其吃来。/其吃了来。)

(12) 他结婚了。(其结婚来。/其结婚了来。)

(13) 他吃了晚饭了。(其吃了夜饭来。)

(14) 他前天晚上写字了。(其前日夜头写字来。)

动词结尾的句子,如"他吃了",在奉化(溪口)方言中可以有两种说法:

(15) 其吃来。

(16) 其吃了来。/ 其吃过来。

但是没有：

(17) ＊其吃了。

也就是说,在奉化(溪口)方言中不存在以"了"结尾的句子,如果要用普通话中"了"结尾的话,要说成"来"。同样,我们认为,普通话中句子如果以动词结尾,句尾如果有"了"的话,有两种形式：1)句尾"了";2)词尾"了"＋ 句尾"了"。不可能出现词尾"了"结尾的形式。因此,普通话中的句子"吃了。",要么是"吃了$_3$。",要么是"吃了$_1$了$_3$。"的简化形式。

因此,我们有理由相信,现代汉语普通话中句尾的"了"和动词后面的"了"表示的语法意义并不相同。动词后的"了"与不同特征的动词组合,以及与其他句法成分组合,表现为不同的体特征：有的表示行为的结束[①],有的表示状态的持续,有的表示行为的持续(详见第十一章)。

句尾"了"的体意义主要是表现某种状态的"起始"。下面我们用最简形式进行证明。

(18) a 吃药。　　　　　b 吃药了。
(19) a 做作业。　　　　b 做作业了。
(20) a 洗完衣服。　　　b 洗完衣服了。
(21) a 倒下来。　　　　b 倒下来了。

(18)—(21)是一般动词,通过 a 和 b 两种类型的比较,可以看

[①] "结束"和"完成"是两个不同的概念。"结束"指的是行为,"完成"指的是任务或对象。行为结束了,但任务并不一定完成,"V 了"表示的是行为的"结束"而非任务的"完成"。例如："上午他看了书,做了作业。""书"和"作业"或许并未"看完""做完",但是行为肯定已经结束。因此,这里的"完成"实际上是"完整",即"完整体"。相关研究请参见金立鑫(2009a、2009b)以及于秀金、金立鑫(2015)。

出,a类属于"非实现"体,b类属于"已经实现并且处于事件的起始阶段"体。在问卷调查中,我们可以设计如下的问题来证明b类的体意义:1)事件是否已经发生？2)句子是否表达了事件发生后的状态？3)句子是否表达了事件发生后状态的起始阶段？对于b类句,三个问题的回答都是肯定的。问题1)的肯定回答得到"实现"体,问题2)的肯定回答得到"持续"体,问题3)的肯定回答得到"起始"体。总结三个肯定回答就能得到"实现－持续－起始"的结果。再来看下面的句子：

(22) a 吃了一些药。　　b 吃了一些药了。
(23) a 做了家庭作业。　b 做了家庭作业了。
(24) a 挂了两分钟。　　b 挂了两分钟了。
(25) a 学了两年。　　　b 学了两年了。

(22)－(25)中的a类是结束体,可是b类却是行为结束以后的状态的起始[例(24)和(25)的歧义结构我们在后文分析]。我们同样可以设计下面的问卷来证明:1)事件是否得到实现？2)现在是否已经处于行为结束后的状态？3)现在是否处于行为结束后的状态的起始阶段？对于b类句,三个问题的回答也都是肯定的。问题1)的肯定回答得到"实现"体,问题2)的回答得到"持续"体,问题3)的回答得到"起始"体。

(18)－(21)跟(22)－(25)的不同在于:前者表示事件本身的"实现－持续－起始",而后者由于结果补语和词尾"了"的作用,表示的是前一个事件结束后的状态的"实现－持续－起始"。

需要说明的是,我们所说的"起始"是指"在参照时间点上某种状态的持续"。而"事件参照时间"至少有"过去""现在""将来",因此,"起始"也有相应的时间起始状态。

"实现－持续－起始"之间的体关系,如图12-1：

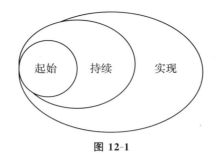

图 12-1

因此,实际上,"起始"蕴涵"持续","持续"蕴涵"实现"。

我们还要说明的是,句尾"了"表示的"起始"体和"V 起来"表示的"起始"不同,前者是整个事件或状态的"起始",后者是动作行为的起始。本研究用"起始"指称句尾"了"的体属性,不涉及动作行为的起始。

以下我们继续证明。请看下面的例子:

(26) 他吃饭。

(27) ?他吃了饭。

(28) 他吃了一碗饭。

(29) 他吃饭了。

(30) 他吃了一碗饭了。

例(26)不用"你吃饭",是为了排除"你"作为祈使句使用成分的干扰,用"他"或者"我"就没有这样的问题。从(26)到(27)根据"最小对立对"原则,增加了一个成分,可以看到二者之间的差别,如果把(27)置于一个更大的结构中,这种差别将更为明显(例如:他吃了饭来。);从(27)到(28)也只增加了一个成分,也可以看到它们之间的差别。这些差别都跟汉语的时体概念的变化有关。(27)和(29)仅仅是"了"的位置不同,但是却引起了体的变化。正是根据这一点我们将它们归入两种不同的体范畴,前者是行为的结束,后者是事件的起始。(30)便是"结束"和"起始"的复合体形式,例如:

a 他吃了一碗饭。　　　　b 他吃了一碗饭了。

　　a 表现的是一个行为的结束,b 则是将这一"行为结束"之后的状态作为一个的新事件或状态的开始,如图 12-2：

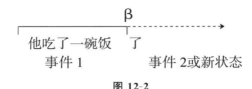

图 12-2

　　时间轴上的任意一点,既可以看作是结束,也可以看作是开始。结束表示另一个新事件或新状态的开始,而开始则表示前一个事件的结束。在时轴上,词尾"了"处于 β 的左边一侧,而句尾"了"则处于 β 的右面一侧。如同一张纸的两面,但是它们一个属于"结束",而另一个则属于"起始"。以上图示中的事件 1"他吃了一碗饭",由于词尾"了"和宾语(包括定语)的作用,事件在时体上得到了封闭,处于 β 左侧。如果在句尾加上"了",它就将"事件结束后的状态"作为一个新事件来介绍,在理论上这种状态是一个"新事件",处于 β 的右侧。因此句尾"了"的着眼点是"事件结束后状态"这一"新事件或新状态"的起点。这正是教学上常说的句尾"了"表示"新情况"或"变化"语感的来源。

0.2　句尾"了"时的内涵

　　在一个表述中,通常需要两个时间的比较,一个是事件发生的时间,即"事件时间",另一个是表述事件的时间,即"参照时间"。通常情况下,事件时间可以有"过去""现在""将来"等,而参照时间在无标记情况下总是指说话的时间。句尾"了"除了以上我们观察到的表示"体"的意义之外,它还兼表参照时间的"时"意义。一般情况下,它总是指向说话的时间。也就是说,它总是表达"在说话的时候,事件处于'实现－持续－起始'的状态",它具体可能表达的是"在说话的时候,事件处于起始的状态"或者"在说话的时候,进入β右侧的状态"。句尾"了"的另一个功能在于向听话人提示参照时间,即说话的时间。

如果我们将句尾"了"的时意义定位在默认参照时间,那么所有句尾"了"的句子若无其他特别的条件,都应该是"现在时"。

以下我们讨论句尾"了"句子的事件时间特征。

假定现代汉语有三种"时":过去、现在、将来。再假定现代汉语中有起始体,它分别对应与三种"时"构成"过去起始""现在起始""将来起始"三种时体特征。我们根据这三种时体进行一种疑问测试的证明。以此方法来分化、确定不同句尾"了"的时体性质。

以往对"了"的时体性质的确定主要是依据研究者的语感。这种研究虽然也能获得正确的结论,但缺乏实验的支持。本研究采用的疑问测试法是建立在相应的语义对立的基础上。例如:

1)"现在起始体":其基本意义是和"保持原有状态"相对立,也就是打破"保持某一状态"(所谓的"变化"或"新情况")。如果用现代汉语中表示保持状态的副词"还/还在""仍然""仍旧"或者"还不""仍然不"等来提问,就可以检验句子是否具有"现在起始"的时体特征。例如:

(31) A:他还是医生吗?
　　　B:他不是医生了。
(32) A:他还不吃吗?(丈夫问妻子,儿子吃不吃饭)
　　　B:他吃了。(妻子回答丈夫,儿子开始吃了)

通过上面的疑问测试可以确定(31)(32)的 B 都是"现在起始"体。

2)"过去起始体":"过去起始"和"没"是对立的。因此其时体意义可以用"没(有)"来提问测试:

(33) A:他昨天没看电影吧？
    B:他看了电影了。
(34) A:你早上没吃饭吧？
    B:我吃了饭了。

(33)B"他看了电影"、(34)B"我吃了饭"指的是这些行为在说话之前的一段时间里已经结束。句尾"了"是"过去的行为结束"以后状态的"起始"标记（即，在参照时间点上，还处于"吃了饭"以后开始出现的新状态中）。

3)"将来起始体"：将来起始体表示行为的实施要在将来的一个时间里实现、或进入某种状态。由于有着明显的外部标记特征"快要/快/要/将……"，因此不必设计疑问测试。

1 句尾"了"与"即将情态"

汉语中的"将来时"与"即将情态"很容易混淆。在我们目前的系统中，将来时用含"将"等能愿动词表达，而"即将情态"则用"快""快要""就要""就"等副词表达。

这一节讨论"即将情态"与句尾"了"的组合所表达的时体意义。即将情态与"将行体"不同，"将行体"是一种将来实施的事件行为，不含说话人的主观判断，但"即将情态"则是由说话人主观表达的在将来某一时间点上事件的情状，如"快来了""就来了"中的"快"和"就"是说话人的主观态度。情态倾向主观性，"体"倾向客观性。"将行体"通常用情状中性的能愿动词表达，典型的如"将"等。

我们先通过加入变项的方法来观察：

(35) 火车到了。
(36) 火车快要到了。
(37) 下雨了。

(38) 就要下雨了。
(39) 饭好了。
(40) 饭快好了。
(41) 工作完成了。
(42) 工作要完成了。

上面例句中的"快要""就要""快""要"都表达"即将情态"。上面的例句分为两种：一种是例(35)(37)(39)(41)，表达行为已经得到实施，句尾"了"表示"在默认的参照时间点上，某一事件或状态的起始"，默认参照时间为说话时间。另一种是例(36)(38)(40)(42)，报告"相对说话的时间而言，说话人认为即将要发生的事件"。这类句子的"时"依旧为默认的说话时的现在。其结构层次为：[快/要/快要/就要 V]了。

通过上面的比较还可以看出，(36)(38)(40)(42)中的"即将情态"与"了"无关，是句子中的副词性成分"快要""就要"等赋予的。

小结：在有表达"即将情态"（"快要、就要、马上"等）的句子中，句尾"了"表达"在默认的参照时间点上事件或状态的起始"，"起始"的是"带有即将情态的事件"。

2 句尾"了"表示"现在起始"的句法条件

所谓"现在起始"，就是在说话的那段时间"进入了一个新的状态的起始端"（教学界通常所说的"新情况""变化"等）。相反的情况是保持说话前的状态。下面将描写"现在起始"体意义的结构条件，我们试图用保持状态的副词（如"还""仍旧"等），通过疑问句测试证明这些句子的时体特征。

2.1 形容词 ＋ 了

先看下面的一组例子，如表 12-1：

表 12-1

例句	测试
(43) 天晴了。	还下雨吗？不,天晴了。
(44) 我饿了。	你还不饿吧？不,我饿了。
(45) 今天冷了。	今天仍然不冷吧？不,今天冷了。
(46) 现在我不忙了。	你现在还很忙吧？不,我现在不忙了。
(47) 外面的雨大了。	外面还下小雨吗？不,外面的雨大了。

以上疑问测试表明,形容词谓语句的句尾"了"表示"进入了一个新的状态的起始端"。

2.2 数量/数量特征名词短语＋了

见表 12-2：

表 12-2

例句	测试
(48) 10 点了。	还早吧？不,10 点了。
(49) 我大学生了。	你还在念中学吧？不,我大学生了。
(50) 今天儿童节了。	还早呢！不,今天儿童节了。
(51) 大姑娘了。	你女儿现在还小吧？不,人家大姑娘了。
(52) 大小伙子了。	您儿子还小吧？不,人家大小伙子了。

以上的疑问测试也同样表示例句(48)—(52)"进入了一个新的状态的起始端"。

上面例子中的"儿童节""大姑娘""大小伙子"等名词都具有量(或者排序)的特征,不具有的量特征的普通名词无法进入这一框架,例如：

(53) *桌子了。

(54) *电视了。

(55) *大楼了。

(56) *地铁了。

归纳上面的例子得:如果结构形式为"数量/数量特征名词+了",该结构在时体特征上表现为"状态的现在起始"体。

2.3 系词+Np+了

这一类句子相对比较简单,主要是通常所说的判断句,动词通常由系词充当。见表 12-3:

表 12-3

例句	测试
(57) 他是大学生了。	他还不是大学生吧? 不,他是大学生了。
(58) 他像老师了。	他还不像老师吧? 不,他像老师了。
(59) 你是医生了。	我还不是医生吧? 不,你是医生了。
(60) 他是九三学社社员了。	他还不是九三学社社员吧? 不,他是九三学社社员了。

上面的句子不能用"没"来提问。主要原因是"没"和"了"以及系词相冲突。以上例句的句尾"了"表达的是在参照时间点上的新状态的开始,由于默认的参照时间为说话时间(现在),因此该类结构的时体意义可以简单归纳为"现在起始"。

2.4 有+Np+了

见表 12-4:

表 12-4

例句	测试
(61) 我有工作了。	你还没有工作吧? 不,我有工作了。
(62) 我有钱了。	你仍然没有钱吧? 不,我有钱了。
(63) 我有女朋友了。	你还没有女朋友吧? 不,我有女朋友了。
(64) 她有书了。	她还没有书吗? 不,她有书了。

上面的句子不能用"不"来提问。这类句子在时体范畴上表现的是"在参照时间点上新状态的起始",由于默认的参照时间为"说话时的现在",因此可以归纳为"现在起始"。

2.5 能愿动词＋Vp＋了

见表 12-5：

表 12-5

例句	测试
(65) 我会说汉语了。	你还不会说汉语吧？不,我会说汉语了。
(66) 我能看见了。	你仍然看不见吗？不,我能看见了。
(67) 这儿不可以吸烟了。	这儿还可以吸烟吗？不,这儿不可以吸烟了。
(68) 她会游泳了。	她还不会游泳吗？不,她会游泳了。
(69) 她能工作了。	她还不能工作吗？不,她现在能工作了。
(70) 图书馆可以借书了。	图书馆还不能借书吗？不,图书馆可以借书了。

这一组例句的句尾"了"与上一节所讨论的句尾"了"功能一致,都是在默认的参照时间点上新状态的起始,默认参照时间为"说话时的现在",因此也同样归结为"现在起始"。

以下句尾"了"表示"现在起始"的体意义句法上有一些特别的条件限制,见 2.6。

2.6 位移动词否定式＋了

如果位移动词否定式句子末尾加上"了",那么"了"表示"现在起始"的体意义,见表 12-6：

表 12-6

例句	测试
(71) 他不去学校了。	他还想去学校吗？不,他不去学校了。
(72) 她不来了。	她还打算来吗？不,她不来了。
(73) 他不到北京去了。	他还到北京去吗？不,他不到北京去了。
(74) 我不走了。	你还在走吗？不,我不走了。
(75) 他不跑了。	他还在跑吗？不,他不跑了。

在这一结构中,否定位移动词成为构成"现在起始"体的必要

条件。与上面的例子相对,如果去掉句子中的否定词"不",就可能失去"现在起始"的体意义。比较"他不去学校了"和"他去学校了"可知。前者必然为"现在起始",后者则可以没有"起始"的体意义。

  以上表现"现在起始"体的句子结构几乎没有什么特别的句法标记,不出现时间词也可以,即看作零形式。其谓词核心可以是形容词、系词、数量性名词、"有"、能愿动词、否定式移动动词等。它们的共同点是都有句尾"了",由于句尾"了"的"现时相关性"功能,它默认的参照时间为"说话时的现在",因此"现在时"是从默认说话时间为参照时间的句尾"了"中推导出来的。句尾"了"的主要功能是表达状态的"起始体",而不是"现在时"。

3 句尾"了"表示"现在起始"或"过去结束"的句法条件

  在前面的研究中,我们用"还不""仍旧不"的提问方式来提问、证明"现在起始体"。与此相对的方法是利用否定"没有(没)"来证明"过去结束"。但是在研究中我们发现有四种结构可以同时接受以上两种不同"体"的疑问测试,也就是说,如果没有语境控制,它们到底是表示"现在起始"还是"过去结束"是不确定的。如果要确定它们准确的时体意义,还需要加入其他变量才行。

3.1 一般行为动词

先看表 12-7:

表 12-7

测试例句	"现在起始"测试	"过去结束"测试
(76) 她吃(饭)了。	她还不吃吗?不,她吃了。	她没吃饭吗?不,她吃了。
(77) 他看(书)了。	他还不看吗?不,他看了。	他没看吗?不,他看了。
(78) 她洗了。	她还不洗吗?不,她洗了。	她没洗吗?不,她洗了。
(79) 她写(字)了。	她还不写吗?不,她写了。	她没写吗?不,她写了。

这种结构在时体意义上有歧义:一种意思是表示"现在起始",另一种意思是表示"过去结束"(详见第4节)。以上我们用两种不同体的提问方式来分化。朱德熙(1982)用"V了了"来分化这种歧义,这一假设在宁波话中得到了证实,在宁波话中,"V了了"要说成"V了来"。

3.2 位移动词肯定式结构

先看下面的例句和"没"的测试,见表12-8:

表 12-8

例句	测试
(80) 他去学校了。	他没去学校吗? 不,他去学校了。
(81) 他来中国了。	他没来中国吗? 不,他来中国了。
(82) 他去北京了。	他没去北京吗? 不,他去北京了。
(83) 他去美国了。	他没去美国吗? 不,他去美国了。
(84) 他去医院了。	他没去医院吗? 不,他去医院了。

与(71)—(75)不同,上面的例子行为实施的时间点难以确定,因此,不确定是否可以解释为"过去起始"还是"现在起始"。另外,这一类例子还可以通过"还不"测试,这种情况下,就可以是"现在起始"。见下面例子:

(85) 他还不去学校吗? 不,他去学校了。

(86) 他还不去医院吗? 不,他去医院了。

因此,位移动词的时体意义是最不确定的,它可能有三种情况:现在起始(刚刚实施行为)、过去起始1(在途中,移动行为未结束)、过去起始2(已经,移动行为已结束)。

时意义不能得到确定的还有下面3.3和3.4两小节中的两种结构。

3.3 VR 结构

VR 结构即"动词+结果"。除非否定,一般情况下解读为"结果的实现",这一行为已经得到了实施,其结果保持并延续到参照时间。例如下面的例子和"没"的测试,见表12-9:

表 12-9

例句	测试
(87) 那个杀人犯死掉了。	那个杀人犯没死掉吗?不,那个杀人犯死掉了。
(88) 那些人逃走了。	那些人没逃走吗?不,那些人逃走了。
(89) 他把球踢破了。	他没把球踢破吗?不,他把球踢破了。
(90) 我写完了。	你没写完吗?不,我写完了。

以上例句中的句尾"了"表示 VR 结构后的状态的实现,并且该结果状态保持并延续到参照时间。这一结构大部分还可以通过"还不/还没"的测试:

(91) 那些人还不逃走吗?那些人逃走了。

(92) 他还没把人放了吗?他把人放了。

因此"那些人逃走了"和"他把人放了"这一类结构在没有其他成分的干扰下,一般都会理解为事件状态与参照时间相关,即行为实施后的状态延续到参照时间点上并可能继续保持。

3.4 非持续性动词结构

先看例句和"没"的测试,见表12-10:

表 12-10

例句	测试结果
(93) 她结婚了。	他没结婚吗?不,她结婚了。 *她不结婚吗?不,她结婚了。
(94) 屋子塌了。	屋子没塌吗?不,屋子塌了。 *屋子不塌吗?不,屋子塌了。
(95) 熄灯了。	没熄灯吗?不,熄灯了。 *不熄灯吗?不,熄灯了。
(96) 他投降了。	他没投降吗?不,他投降了。 *他不投降吗?不,他投降了。

以上是用"没"测试的结果,说明它们具有"过去起始"的意义,但是这种结构也能通过"还不"的测试:

(97) 她还不结婚吗？不,她结婚了。
(98) 还不熄灯吗？不,熄灯了。
(99) 他还不投降吗？不,他投降了。

以上例句都与默认的参照时间相关(通常为说话时间),又由于该类句子的动词为瞬间动词(非持续动词或达成动词 achievement verb),在这样的条件下它们具有行为结束后的状态的"起始并持续"义。这一结构的时体特征和动词有关。因为这样的动词起点与终点基本重合。"起始"只能是行为结束后的状态。如例(99):他投降了。意思是"投降"后的状态开始发生,并且直到默认的参照时间点上"投降"的状态依旧保留着。

非持续性动词短语使用句尾"了",在时体特征上表现为"事件发生后的状态的起始,并持续到默认参照时间"。

4　句尾"了"与"过去的事件"

本节中的"过去"实际上是动词行为所表达的事件得到实施的时间。

在这一节中,我们将用"没有(没)"或者"之前怎么了?"的疑问来证明"过去的行为"。在以下的结构中,"过去"的时意义并不是句尾"了"作用的结果,而是其他因素的作用,在这些结构中,句尾"了"出现之前,就已经蕴含了"过去"的意义。句尾"了"表示在"参照时间"事件或状态进入起始端的体特征。

4.1 "Td①+没+Vp了"结构

这一结构表现的"过去"是由"Td+没"获得的。

因为下面的句子本身已经包含了"没",我们无法再用"没"测试,但是可以用"之前怎么了?"测试,见表12-11:

表 12-11

例句	测试
(100) 小王三天没喝酒了。	小王之前怎么了? 小王三天没喝酒了。
(101) 我们八年没见面了。	你们之前怎么了? 我们八年没见面了。
(102) 孩子两天没回家了。	孩子之前怎么了? 孩子两天没回家了。
(103) 他三年没工作了。	他之前怎么了? 他三年没工作了。

这一类句子表现的是在说话之前的一段时间里某种未能实现的行为的状态延续到参照时间,即,发生了"没V"的事件,句尾"了"表示在"参照时间"时该状态延续到默认参照时间并持续。如例(100)表示在参照时间点上,"小王"进入"三天没喝酒"之后的状态的起始阶段,即"没喝酒"的状态即将进入"第四天"。该类结构的句法层次实际为"[Td+Neg+V]了",该结构层次很清楚地展示句尾"了"是对整个"[Td+Neg+V]"的操作,或者句尾"了"是"[Td+Neg+V]"的谓词。

4.2 "V了O了"结构

请看例句和"没"的测试,见表12-12:

表 12-12

例句	测试
(104) 我吃了饭了。	你没吃饭吗? 不,我吃了饭了。 *你不吃饭吗? 不,我吃了饭了。
(105) 他跑了步了。	他没跑步吗? 不,他跑了步了。 *他不跑步吗? 不,他跑了步了。
(106) 我签了字了。	你没签字吗? 不,我签了字了。 *你不签字吗? 不,我签了字了。

---

① 这里的"Td"表示时间持续的量。

词尾"了"表示行为的结束,句尾"了"将事件引入在参照时间点上行为结束后的状态。这一结构式句法层次为"[V 了 O]了",句尾"了"是对"V 了 O"事件短语的句法操作,如"'吃了饭'＋了",表现的是"吃了饭"这一事件的发生并且该状态持续到默认参照时间。在宁波话中,句尾的"了"仍旧要读成"来"(起始并持续到参照时间)。

要说这一结构在"时"方面属于"过去",这还是属于动词后的"了"的连带作用,因为它表示事件的结束,而句尾"了"又跟说话的参照时间有关,在说话的时间一个行为已经结束,那么该事件应该在参照时间点之前发生,因此动词后的"了"在时的特征上就可以理解为"过去"。

这类句子的句尾"了"依旧有现时相关性,即与默认参照时间相关,表达行为实施后的状态的出现并持续到参照时间点,并可能继续。

4.3 "V 了 Td 了"结构

下面先看例子用"没"的测试,见表 12-13:

表 12-13

例句	测试
(107) 那件事儿做了三天了。	那件事儿没做吗?不,那件事儿做了三天了。
(108) 那件衣服洗了两天了。	那件衣服没洗吗?不,那件衣服洗了两天了。
(109) 他躺了一个小时了。	他没躺下吗?不,他躺了一个小时了。
(110) 他等了半天了。	他没等吗?不,他等了半天了。

前两例的动词是弱持续性动词(马庆株,1981),语义上是歧义的,歧义一是说行为已经结束;歧义二是说行为还没结束。这一歧义实际上是由结构歧义引起的。歧义一:[[那件事儿做了三天]了],这是"还在做","三天"是"做"延续的时间,句尾"了"作为一个新的起点,表示接着"三天"继续延续,即将进入第四天;结构歧义

二:[[那件事儿做了]三天了],"三天了"是对"那件事儿做了"的句法操作。"那件事儿做了"表示行为的结束,"三天了"表示"结束"之后的状态的起始即将进入第四天,因此它表示行为"结束"延续到参照时间点上已经有三天了。

后两例的动词是强持续性动词,语义上是说事件还在持续。无论行为是已经结束还是在持续,事件的"实现"是在"之前"发生的,句尾"了"还是表示行为得到实施后,事件经历了某个时间量之后的状态,一直延续到默认参照时间点,并可能继续保持该状态。

4.4 "Tp[①]+V+了"结构

先看例子和"没"的测试,见表12-14:

表12-14

例句	测试结果
(111) 她昨天吃生鱼片了。	她昨天没吃生鱼片吗?不,她昨天吃生鱼片了。
(112) 她今天早上买水饺了。	她今天早上没买水饺吗?不,她今天早上买水饺了。
(113) 她上个星期六休息了。	她上个星期六没有休息吗?不,她上个星期六休息了。
(114) 她前天晚上写字了。	她前天晚上没有写字吗?不,她前天晚上写字了。

这一组例子的句尾"了"是"了"多功能系列中最为虚化的,主要是用来表达新闻语气的虚词(金立鑫,2015)。如果删除句尾"了"这些句子的语气会发生改变,语用独立性较差,但时体意义并无改变,都是"过去完成"。

该组例句的另一个特点是有表示过去的时间名词。在一般的受控制的实验观察中,如果其他条件不变,某一特定因素发生变化而引起结果的变化,可以认定这一特定因素的变化便是造成结果变化的主要原因。以上例句与其他例句的不同在于多了表示过去时间的词,由此该动词短语的时体特征是事件发生在过去(即过去

---

① 这里的"Tp"表示过去时间位(或"过去的某个时间点")。

时),要证明这一点只需要采用删除法,即将表达过去的时间名词删除,可以得到:

(115) 她吃生鱼片了。
(116) 她买水饺了。
(117) 她休息了。
(118) 她写字了。

(115)-(118)变成了"现在起始"。那么,我们可以初步认定表示"过去"的时间词的出现是决定"过去时"的关键因素。汉语的"时"范畴主要通过时间名词来表达,而非动词的形态手段。

以上的"过去"在形式上的特征是:具有明确的表达过去时位的实词。它们与句尾"了"共同表达时一体一情态意义"过去发生的值得报道的事件"。

5 小结

以上我们着重描写了句尾"了"在 14 种句法结构中的表现,总结如下:

1)"形容词谓语句＋句尾'了'"表示"在参照时间点上进入了一个新的状态并继续";
2)"数量/数量特征名词＋'了'"表现"状态的现在起始并继续";
3)"系词＋NP＋'了'"为"现在起始并继续";
4)"有＋NP＋'了'"为"现在起始并继续";
5)"能愿动词＋Vp＋'了'"为"现在起始并继续";
6)"位移动词否定式 ＋ 句尾'了'"为"现在起始并继续";
7)"一般行为动词＋句尾'了'"有歧义:歧义 1"现在起始并继续",歧义 2"过去结束";
8)"位移动词肯定式结构＋句尾'了'"有三种情况:现在起始

并继续(刚刚实施行为)、过去起始1(在途中,移动行为未结束)、过去起始2(已经,移动行为已结束);

9)"VR+句尾'了'"为"状态延续到参照时间点上,并可能继续持续";

10)"非持续性动词短语+句尾'了'"为"事件发生后的状态的起始,持续到默认参照时间并继续";

11)"Td+没+VP+'了'"为"该状态延续到默认参照时间并持续";

12)"V了O了"为"行为实施后的状态持续到参照时间点,并可能继续";

13)"V了Td了"为"行为得到实施后事件经历了某个时间量之后的状态一直延续到默认参照时间点,并可能继续保持该状态";

14)"Tp+V+了"结构的时体意义为"过去发生的值得报道的事件"。

其中13种句法结构带句尾"了"都表现"状态的起始并有延续"的时体特征。另有3种(同一句法结构带句尾"了"可能有多个体意义理解,所以部分例句类型有重叠)句法结构带句尾"了"分别表现:

1)"一般行为动词+宾语+句尾'了'"除了表达"状态的起始并有延续"的时体特征外,在特定语境下可以表示"过去结束";

2)位移动词肯定式结构+句尾"了"除了表达"状态的起始并有延续"的时体特征外,在特定语境下可能表达"过去起始1"(在途中,移动行为未结束)、"过去起始2"(已经,移动行为已结束);

3)"Tp+V+了"结构表示"过去发生的值得报道的事件"。

前两种都是附带的、有标记条件下表达不同于其他多数时体功能的形式,只有第三种是独立表达特异性时体特征的形式。其区别性特征为带有"过去时位"词。因此,该结构所表达的"过去发生的事件"是该过去时位词强行压制的结果。

因此,总体上可以将句尾"了"的时体功能抽象为"状态的起始,持续到参照时间并可能继续"。另外三种罕见的变体,两种需要特定的语境限制,一种需要过去时间名词的压制。

思考与练习

1. 名词解释

1)情态;2)句尾"了"的时体功能;3)VR 结构

2. 练习题

1)请用是否能使用"了"(以及能否带宾语)给形容词分类,然后通过结构分析描述不同类形容词的语义特征。

2)请用是否能使用"着+宾语"(例如:热着饭/＊小着饭)给形容词分类,然后通过结构分析描述不同类形容词的语义特征。

3)请用是否能使用重叠形式给形容词分类,然后通过结构分析描述不同类形容词的语义特征。

第十三章 相容选择对象的描写
——以"是……的""是"和句尾"的"为例

0 引言

我们在第八章描写过"就/才"与"了"的相容选择的条件,在普通话中还有一个很常见的句法相容搭配现象,那就是"是"和"的"的组合。在本章中,我们进一步明确采用逻辑上的"必用"和"选用"分别对"是……的"结构以及与此相关的"是"和"的"使用的条件逐一作出描写。

"是……的"结构形式是对外汉语教学中经常碰到的问题,最早提出这一问题的是陆俭明、马真(1985),在此之后,石定栩(1997,2000)、周国光(2002)以及其他许多学者都对此问题有深入的研究。本章在前人研究的基础上,依据实验研究的基本原则考察"是……的"以及与此相关的"是""的"的六种逻辑可能,即这三个形式的必用和选用情况,并以此考察它们在功能上的差异以及相应的形式条件。

1 必用"是……的"

本节讨论强制性地使用"是"和句尾"的"的结构。

在本项研究中,我们发现,不存在严格句法意义上的必用"是……的"这种框架形式的结构,所有必须使用"是……的"框架形式的都是假性"是……的",它们实际上都是"是"＋"的"的结构,而不是我们在本章第 2 节要讨论的语用上的"是……的"形式。请看下面的例子:

(1) 这是朋友的。
(2) 这是昨天买的。
(3) 他是隔壁的。
(4) 我是北京大学的。

这里的"是"和"的"分属于两个不同的层次:"是"属于句法层次,是句法结构成分;而"的"属于词法层次,是构形成分,或形态成分。"是"后面的"X 的"功能上相当于一个名词,可以用结构主义的替换法将这些"X 的"替换为其他名词短语,因此句尾"的"并非和前面的"是"相对应。有关这个"的"的功能和形式的研究,最早的可参考朱德熙(1983)的"自指、转指说"以及后来陆俭明(1991)、郭锐(2000)、陆丙甫(2003)的研究。既然"是"属于句法成分,"的"属于形态标记,因此这两个形式在这些句子中都是不可缺少的,如果缺少了"是"将改变句法性质,引起句法上的错误,而缺少了"的"将改变词法性质,或引起形态上的错误。请看表 13-1:

表 13-1

	双缺	缺"的"	缺"是"
(5)	a * 这朋友	b * 这是朋友	c * 这朋友的
(6)	a * 这昨天买	b * 这是昨天买	c * 这昨天买的
(7)	a * 他隔壁	b * 他是隔壁	c * 他隔壁的
(8)	a * 我北京大学	b * 我是北京大学	c * 我北京大学的

"是"是典型的判断句型中必要的句法连接成分,一般而言,判断句原则上要求判断前项和判断后项同属于一个功能类,这样两者之间的种属关系才有可能建立起来。如果连接的两项短语不属于同一功能类,则需要调整为同一个指称类,否则句子不合格。因

此，表 13-1 中的 b 例都需要调整为例(1)—(4)。这种句法上的要求我们还可以通过下面的例子看出来：

(9) a ＊疼你是我。　　　　b 疼你的是我。
(10) a ＊昨天出版是这本书。　b 昨天出版的是这本书。

"X 的"也可以出现在"是"前面的位置上。因此我们认为，上面例子中的"是……的"不是框架结构，而是两个独立"是"和"X 的"形式，在这里，"是"依然是联系动词，"的"和前面的动词性短语一起构成"的"字结构，其功能相当于一个指称类词。由于"的"的作用，使得结构的两边保持了功能上的对称性，结构也才能合格。以上所讨论的"是"和"的"分别属于句法结构层次和词汇形态层次。这种标记形式在这些句子中是强制性的，不可省略。

2　选用"是……的"

本节讨论非强制使用"是……的"的结构。

先对比下面的例子：

(11) a 他昨天回来了。　　　b 他(是)昨天回来的。
(12) a 他坐飞机回来了。　　b 他(是)坐飞机回来的。

我们之所以说 b 类句中的"是……的"是可选的，是因为它们并不是句法上或形态上强制性的，a 和 b 可以互换，基本语义不变，互换之后改变的是语用意义。a 所传递的是一个"新闻"，说话人假设听话人并不知道"他昨天回来"这个事件的发生，b 是说话人假设听话人已经知道"他回来"这个事件，但是并不知道"回来的时间"或"回来的方式"等，因此，说话人要用"是"来标记需要凸显的听话人所不知道的新信息，并且用句尾"的"表示对这个事件的确认(请参见本章第 6 节)。

一般情况下，如果句子比较简单，判断新信息不困难的话，不需要特别的标记,新信息标记"是"可以省略。但是如果情况复杂,所要凸显的新信息可以有多种选择,此时,在恰当的位置上添加凸显标记是必须的。例如:

(13) a 他昨天坐飞机回来了。
　　 b 他昨天坐飞机回来的。
　　 c 他昨天**是**坐飞机回来的。
　　 d 他**是**昨天坐飞机回来的。

(14) a 我们在老师的指导下在实验室用这个方法解决了问题。
　　 b 我们在老师的指导下在实验室用这个方法解决问题的。
　　 c **是**我们在老师的指导下在实验室用这个方法解决问题的。
　　 d 我们**是**在老师的指导下在实验室用这个方法解决问题的。
　　 e 我们在老师的指导下**是**在实验室用这个方法解决问题的。
　　 f 我们在老师的指导下在实验室**是**用这个方法解决问题的。
　　 g 我们在老师的指导下在实验室用这个方法**是**解决问题的。

例(13a)和(14a)是报道一个新闻,没有特别的关注点标记。(13b)的句尾有"的"而句中并没有"是",通常情况下,需要说话人提供重音来显示新信息,否则这个句子的功能只能是一般性地确认一个事件的发生。(13c)说话人认为听话人所要了解的不是"昨天"和"回来",而是"坐飞机",这才是听话人所要知道的新信息,为了准确聚焦这个新信息,说话人在需要传递的新信息前面使用焦点标记"是"。例(13d)中的焦点标记"是"在时间和方式两个项目的前面,可以理解为"昨天"和"坐飞机"都是焦点。如果汉语要表达"昨天"是新信息,而"坐飞机"不是新信息,唯一可靠的办法就是将"坐飞机"省去,只留下"昨天",如例(11b)。但是在例(13d)中,说话人既然同时提供了"昨天"和"坐飞机",那只能理解为说话人认为这两个项目都是焦点。例子(14c)(14d)(14e)(14f)中的"是"分别出现在四个位置上,表现的也是四个不同的新信息。但是(14g)中的"是"处在句子核心动词"解决"的前面,通常认为这表示"强调"①,而不是提示新信息。这一类句子中的"是"的功能请参见本章第 4 节。

以上所讨论的"是"并不是一个联系动词,它并没有任何联系动词的语法意义,是一个已经虚化了的语用标记(这个虚化的历史过程可以另外研究证明),这种"是"和"的"都是语用上的,属于语用标记。因此在句法上它们都不是必须的,而是可选的。

但是有一点需要说明的,即,在以上语用性"是……的"结构中,"是"可以不出现,而"的"必须出现,它们之间形成了一个逻辑矩阵,见表 13-2:

表 13-2

是	的	
+	+	○
+	−	×
−	+	○
−	−	○

即,"是"蕴含了"的",不存在有"是"而没有"的"的"新信息+确认"的结构形式。"新信息+确认"的功能在上面的形式中与"是"蕴含"的"的逻辑真值表一致:以上真值表中的第二式不存在。

---

① 说明行为的有效性。

从以上两节的分析可知,第一种"是……的"句和第二种"是……的"句之间的差别十分明显。第 1 节中的例子包含句法上的"是"和形态上的"的",它们无法删除或省略,而第 2 节都是语用上的"是"和"的",可以删除,但是这些语用标记的有或无,会引起含义的变化。因此在教学上应该将它们区分开来。

综上,我们讨论的"是……的"有两种情况:一种表示两项连接,另一种表示新信息和确定。但有些时候这两种"是……的"似乎不好区分。我们认为,可以通过删除法来判定:如果可以删除"是……的",则不属于两项连接,不能删除的才是两项连接。下面我们讨论使用"是"和"的"的条件,换句话说,在什么情况下可以删除"是"或"的",什么情况下不能删除。请看下面陆俭明、马真(1985)的例子:

(15) a 他这样做是合情合理的。　b 他这样做合情合理。
(16) a 他这样做是偏听偏信。　　b *他这样做偏听偏信。
　　　c *他这样做是偏听偏信的。

例(15)的"是"和"的"可以省略,而(16)却不能省略,并且只能用"是"不能用"的"。这是为什么?石定栩(2003)试图用"名物化"的理论来解释(16)a 这样的句子,认为"偏听偏信"是名物化。陆丙甫(2003)用"描写性"来解释(15),用"判断性"来解释(16)。根据我们的观察,"是"的两边可以是任何功能类,总的原则是:如果两边是单词或偏正短语类,则倾向于两边同属一个功能范畴类;如果两边其中之一为小句,则不受功能范畴的限制(参见本章第 3 节)。我们给出的条件是:如果该标记为语用标记,则可以省略;如果为句法标记,则不能省略。这也体现了语用的可选择性和句法的强制性的特点。这个条件更为具体的解释为:如果该结构为"话题—评述"结构,则该结构中的"是"和"的"的使用在句法上也是自由的;如果该结构不是"话题—评述"结构,前项和后项之间没有述谓关系,则该结构在句法上必须使用"是"来连接,而且"的"也是不自由的。上文例(15)的前后两部分是一个"话题－评述"结构,因此"是……的"使用在句法上是自由的,而(16)并不是一个"话题－评述"结构,"是"在句法是不自由的,有关(16)必须用"是"并且不用"的"的解释,我们在下一节还要讨论。

"话题－评述"结构的前后两个部分本来就具有述谓关系,因此使用不使用"是……的"是自由的,"是……的"的功能在于凸显这个述谓结构的确定性,即,对这一述谓结构进行确定性认定,例如下面的结构:

(17) a 他这样做合情合理。　　b 他这样做是合情合理的。
(18) a 他这样做不合规范。　　b 他这样做是不合规范的。
(19) a 这件事情我不知道。　　b 这件事情我是不知道的。
(20) a 这台电脑不能用。　　　b 这台电脑是不能用的。
(21) a 这件衣服很时髦。　　　b 这件衣服是很时髦的。
(22) a 这个人我不认识。　　　b 这个人我是不认识的。

a 类例子都是"话题－评述"结构,它们使用"是……的"语用标记是自由的。用与不用的差别在语用含义上。a 类句属于叙述或陈述,b 类句属于确认,并凸显了所要确认的成分。

3　必用"是"

本节讨论单独必用"是"的结构。

在第 1 节中我们已经讨论过,现代汉语中,"是"最典型的用法是作为联系动词,表示两个项目之间的种属关系。常见前者为种,后者为属。例如:

(23) 我是中国人。
(24) 这是电话。

这是最为典型的用法,它一般要求被联系的两个项目属于同

一种大类:或者同属于体词类(或指称类,如上例),或者同属谓词类,例如:

(25) 打是亲,骂是爱。

(26) 工作是学习,学习是工作。

(27) 严是爱,宽是害。

(28) 写作是求知,阅读也是求知。

(29) 谦虚是真诚。

系动词并不要求主宾语是名词,其他语言中也存在这种现象,例如在英语中,动词不定式也可以作系动词的主宾语,例如:

(30) It's so nice to hear your voice.(听到你的声音真高兴,不定式"to hear your voice"是实际上的主语)

(31) To see is to believe.(眼见为实,不定式"to see"作主语,"to believe"作宾语)

(32) My work is to clean the room every day.(我的工作是每天打扫这个房间,不定式"to clean the room every day"作宾语)

汉语中,如果联系动词的两边之一为短语型结构,则倾向于要求两边是同一功能范畴,例如:

(33) a＊这电脑。　　　　b 这是电脑。
　　　c＊这是买。　　　　d 这是买的。

(34) a＊他造反队的头子。b 他是造反队的头子。
　　　c＊他是丑恶。

(35) a＊打亲,骂爱。　　b 打是亲,骂是爱。
　　　c＊打是老公。　　　d 打的是老公。

从上面不合格的格式可以看出,如果两个词串之间没有逻辑上的主谓项关系而试图要表达这种主谓关系,就必须通过句法形式"是"来连接前后两个项目,通过句法上的强制性联系,迫使前后两个项目之间产生"判断性"语义关系,因此使用"是"是不自由的,这种结构的两边可以是各种结构形式,跟"名物化"没有任何关系,除了以上例句,还可以参考例(25)—(29)。

一般来说,如果前后所连接的两项之一是偏正短语类,倾向于要求两边同属一个功能类;而如果两边之一是谓词性小句性结构,则没有功能类上的限制,无论何种功能类均可用"是"连接成句,例如:

谓词小句在前:

(36) a * 贪污国家财产一种犯罪行为。
　　　b 贪污国家财产是一种犯罪行为。

(37) a * 为官者对腐败行为视而不见行政腐败。
　　　b 为官者对腐败行为视而不见是行政腐败。

(38) a * 他当造反派全家人的耻辱。
　　　b 他当造反派是全家人的耻辱。

谓词小句在后:

(39) a * 他唯一的记忆曾经与鲁迅有过一场论战。
　　　b 他唯一的记忆是曾经与鲁迅有过一场论战。

(40) a * 打疼你,骂爱你。
　　　b 打是(我)疼你,骂是(我)爱你。

(41) a * 虚伪不说实话。
　　　b 虚伪是不说实话。

(42) a * 谦虚自我否定。
　　　b 谦虚不是自我否定。

双小句:

(43) a * 你妈妈这么做迫不得已。
　　　b 你妈妈这么做是迫不得已。

(44) a ＊他这样做偏听偏信。
　　　b 他这样做是偏听偏信。
(45) a ＊他这样做拿鸡蛋碰石头。
　　　b 他这样做是拿鸡蛋碰石头。
(46) a ＊他这样做愚昧无知。
　　　b 他这样做是愚昧无知。

因此,"是"并非强制要求两边均为名词性成分,"是"可以简单理解为就是将两个原本不相干的项目连接起来的标记,而原本就具有述谓关系的项目并不需要"是"的连接帮助,如果原本就具有述谓关系的项目使用了"是",这种违背经济原则的用法便会产生语用含义,如我们在第 2、4、6 节所述例句。有意思的是,不具有述谓关系的项目被"是"连接成判断句之后,句尾再也不能使用"的":

(47) ＊虚伪是不说实话的。
(48) ＊谦虚是自我否定的。
(49) ＊他这样做是偏听偏信的。
(50) ＊他这样做是拿鸡蛋碰石头的。
(51) ＊他这样做是愚昧无知的。

上面必用"是"的结构中,"是"和"的"的配合上也形成了一个逻辑矩阵,见表 13-3：

表 13-3

是	的	
＋	＋	×
＋	－	○
－	＋	×
－	－	×

＊虚伪不说实话的。　　　＊虚伪是不说实话的

*虚伪不说实话。	虚伪是不说实话。
*谦虚自我否定的。	*谦虚是自我否定的。
*谦虚自我否定。	谦虚是自我否定。
*他这样做偏听偏信的。	*他这样做是偏听偏信的。
*他这样做偏听偏信。	他这样做是偏听偏信。
*他这样做拿鸡蛋碰石头的。	他这样做是拿鸡蛋碰石头的。
*他这样做拿鸡蛋碰石头。	他这样做是拿鸡蛋碰石头。

为什么这种句子后面不能接"的"？这主要与这类句子中的"是"的性质有关。这一类"是"属于典型的联系动词，从上面例(36)—(46)可以看出，汉语中"XP 是 VP""VP 是 XP"和"VP 是 VP"已经是一种自足的结构，"是"的两边并不需要"的"的帮助。"是"的任意一边加上"的"都是多余的，反而会造成结构的不平衡。朱德熙(1983)和郭锐(2000)提到"提取规则"也可以用来解释这种现象。例如(47)"不说实话的"要提取的应该是施事主语，即"某某不说实话"，如果做这样的提取，则例(47)的主语(虚伪)和宾语所提取的施事主语之间缺乏逻辑联系，主语和宾语之间不存在一致关系造成了结构的不合格。当然，这类结构如果去掉"是"，两边缺乏句法联系，也同样不合格，无论前后有没有"的"。

4 选用"是"

本节讨论单独选用"是"的结构。

在第 2 节的讨论中，我们已经看出，在语用上的"是……的"中，"是"蕴含了"的"，在"是"与"的"出现的 4 种组合中，只有"有'是'而无'的'"的组合是不成立的，"是"的出现与否是自由的，可选的。而且第 2 节的讨论也可以看出，无论"是"是否出现，"是"都不是强调标记(强调标记，参见石定栩，2003)，而是提示新信息的标记。那么是否存在表示强调的"是"呢？回答是肯定的。请看下面的句子：

(52) 你是有钱，但是你有钱你也买不来智慧！
(53) 她是漂亮，这是大家公认的。

在自然的口语中，这里的"是"属于强调标记，语用上还有对前提加以确认的含义（或强调旧信息）。这种"是"在语音上有明显的标记：重长音。重读，而且通常音程比较长。如果不是重读，不是长音程，这样的结构就不能被接受。因此，石定栩（2003）所列举的"错句"就值得商榷：

(54) *现在不去看电影是情有可原。

在我们看来，如果忽略任何条件而判定上面的句子为错句似乎不妥。假定这个句子中的"是"重读且长音程，这个句子就没有问题。再如：

(55) 他是不好，你呢？
(56) 那篇文章写得是不错。/ 那篇文章是写得不错。

观察本节的例句可以发现，"是"两边的项目原本就是一个自然的述谓结构，并不需要"是"在句法上起任何连接作用。因此，从句法上来说，这些"是"都是多余的。然而，恰恰正是这种多余或偏离"原则"的现象造成了语用含义。这很符合语用学中的含义推论的原理：如果说话人故意违背某一原则，则必然产生会话含义。在这里，说话人故意违背句法原则，也同样会产生会话含义。本研究中所有句法上非强制性的"是""的"都属于语用平面的，其功能对应于特定的语用含义。因此，本节讨论的表示强调的"是"属于语用标记。

5 必用"的"

本节讨论单独强制性使用句尾"的"的结构。

朱德熙(1961)中提到了状态词后缀"的",这是非常敏锐的看法。陆丙甫(2003)对这种"的"的"描写性"本质做了更为深入的研究,并对所有的"的"进行了统一解释。本研究不对"的"做理论解释,从描写角度将其归入构形的范畴,而构形范畴中的成分是必需的。请看下面的例句:

(57) a 这孩子胖乎乎的。　　　b * 这孩子胖乎乎。
(58) a 晚霞鲜红鲜红的。　　　b * 晚霞鲜红鲜红。
(59) a 我成天稀里糊涂的。　　b * 我成天稀里糊涂。
(60) a 那东西黑不溜秋的。　　b * 那东西黑不溜秋。
(61) a 这儿乱七八糟的。　　　b ? 这儿乱七八糟。
(62) a 这人贼头贼脑的。　　　b ? 这人贼头贼脑。

状态形容词不能直接作谓语,需要形态成分"的"的帮助,给这些状态形容词赋予描写性功能(参见陆丙甫,2003),使之能够独立作前面主语的谓语。这种构形成分是句法上的要求。上面 a 类句子都是结构上得到满足的完整句型。那么,这一类句子能不能再添加"是"构成"是……的"句型?回答是,可以。但是所构成的句型绝不是语用上的"是……的"句,而是强调型的"是"+"状态词+的"结构。我们将上面的部分例句转变为下列句子:

(63) a 这孩子是胖乎乎的。　　b * 这孩子是胖乎乎。
(64) a 晚霞是鲜红鲜红的。　　b * 晚霞是鲜红鲜红。
(65) a 我成天是稀里糊涂的。　b * 我成天是稀里糊涂。
(66) a 那东西是黑不溜秋的。　b * 那东西是黑不溜秋。

这种句型与第 1 节中的必用"是……的"的区别在于,第 1 节中的"是"是必需的,单用"的"的合格度很低,而本节讨论的句型"是"不是必需的,单用"的"是常见的;这种句型与第 2 节中的可选"是……的"句型的区别在于,第 2 节中的"是"和"的"可以同时省略,而本节句型中的"的"倾向于必用。在形态上的必要性上,本节的"的"与第1节中的"的"相同,都属于形态成分。

有意思的是,这些所谓的形态成分"的"在口语中可以被重音替换。上面所有星号例句中的状态形容词如果重读,尤其是开头音节重读,则这些例句合格,句尾的"的"可以省略。这是否可以说,状态形容词如果直接作谓语,还需要形容词之外的其他因素的帮助,增强其述谓性以满足其充任谓语的功能?这是一个有意思的问题。

6 选用"的"

本节简单讨论单独非强制性使用句尾"的"的结构。

我们在第2节中讨论过下面两组句子:

(67) 他昨天回来了。

(68) 他昨天回来的。

(67)和(68)的区别在于:(67)整个句子在传达一个新闻(当然是已经发生的),即,说话人判定听话人不知道这件事,他要告诉听话人的是一件新闻。而(68)则不然,说话人判定听话人已经知道其中的主命题(即:他回了),但是并不知道"他"回来的时间。(68)的主要任务在于确定一个已经发生的事件,并且表示其中的"昨天"是这个句子要表达的焦点。

我们可以添加上下文来证明这两个句子的差别:

(69) (王老师昨天回广州了吗?)

　　(哦,)他昨天回广州了。

(70) (王老师什么时候回广州的?)

　　他昨天回广州的。

现在可以很明显地看出(69)和(70)的不同:在语用上,(69)的前提是未知的;(70)的前提是已知的。句末"的"的功能是表示"确认"。这个问题我们在第 2 节中已经讨论过,此处从简不赘。

7 "的"在宾语前后位置的句法条件和使用条件

本节讨论语用性的"的"出现在句尾或出现在宾语之前的功能性区别。

类似例(70)结构中的"的"还可以有下面(71)b 和(72)b 的位置:

(71) a 我(是)1998 年去广州的。
　　　b 我(是)1998 年去的广州。
　　　c 我 1998 年去了广州。
(72) a 我(是)在美国学英语的。
　　　b 我(是)在美国学的英语。
　　　c 我在美国学了英语。

"的"可以处在宾语名词的前面(以上 b 类例句),也可以处在宾语名词的后面(以上 a 类例句)。它们与 c 类例句在时体意义上是一致的,甚至可以互换。但是,我们所注意的并不是它们在时体意义上的差别,而是在焦点上的差别。a 类例句和 b 类例句有什么区别?它们所对应的句法条件和使用条件是什么?本小节讨论这两个问题。

先请看下面的例句:

(73) a 我是教书的。
　　　b＊我是教的书。
(74) a 他是修车的。
　　　b＊他是修的车。

(73)a 和(74)a 是歧义结构。如(74)a 有两个意思:歧义一,他是修车的(人);歧义二,强调"他修车","是"重读。在歧义一中,

"的"不可能前移到宾语之前。一般情况下只能有 a 类句式,而没有 b 类句式。这个规则还可以通过下面的句式扩展来证明:

(75) a 我是在上海教书的。
　　 b 我是在上海教的书。
(76) a 他是在路边儿修车的。
　　 b 他是在路边儿修的车。

动词的前面有了状语性成分,b 类句式可以合格。可见,如果"是……的"结构中的"的"处在宾语名词前面,句法上倾向于动词前面必须有状语。因此我们把这里的"是"看作与第 2 节中所讨论的"是"相同的语用焦点标记,它凸显的是动作的条件,如上面的地点、时间、工具、情状等。这些被焦点化的成分通常重读,而焦点标记"是"本身则轻读。例如:

(77) a 我是在 92 年开始教的书。
　　 b 我是用电脑写的书。
　　 c 我是匆匆忙忙中写的书。

单纯强调动作本身的情况则不多见,如(73)b 和(74)b 那样。

任何理论都是可以被证伪的,任何规则都是有条件的。上面的规则是在"语境自由"的条件下定义的。如果在某一对比较为明确的语境中,上面的规则无效。例如,在对比(或对举)的语境下,在被提问的语境下,(73)b 和(74)b 可以成立:

(73)b 我是教的书。("书"重读:不是教唱歌。/"教"重读:不是写书。)
(74)b 他是修的车。("车"重读:不是修手表。/"修"重读:不是造车。)

在严格的语境条件下(如上所说的对句或提问),或者加上语音标记,上面的例子可以成立。

下面我们讨论"的"在句尾和宾语名词前面之间的区别。如果单独来看,似乎很难看出它们之间的区别。下面我们用"扩展分布分析"的方法来观察这些例句:

(78) a 他是路边儿修车的,我认识(他)。
　　　b 他是路边儿修的车,不但没修好,还受了一肚子的气。
(79) a 他是路边儿修车的,＊不但没修好,还受了一肚子的气。
　　　b 他是路边儿修的车,＊我认识(他)。

上面两组例子证明,"的"在句末是一个构形标记(构成"'的'字结构"),该结构功能等同于一个名词。这可以在例(78)a中看到。(78)a的后续句"我认识"的宾语无论是零形式还是"他",都是回指前句的"他"或"修车的"。(78)b的后续句指向前句的句尾成分"车",语篇上前后相连,自然通顺。对比(79)a可以看到,如果后续句没有回指前句的话题或句尾的"'的'字结构",语篇就不合格。(79)b同理。

相反,"的"如果处在宾语名词的前面,它的功能在于提示宾语的焦点性质(也可以解释为"的"从句末位置上让出来,将焦点位置留给了宾语名词),这种对焦点的提示很可能是为后续句提供话题。例如,上面(78)b和(79)b,"的"处在宾语名词前面,后续句如果回指前面的宾语,则句子合格,即(78)b;而如果后续句回指前面的主语(话题),则句子不合格,即(79)b。

句末"的"的另一个功能在于对整个句子所述内容的确认,句式所突出的是整个命题,而宾语名词前面的"的"的功能在于凸显句末的名词宾语,这一点我们还可以通过下面的例子来证明:

(80) a 你是去哪儿买的衣服,这么漂亮!
　　　b 你是去哪儿买衣服的,＊这么漂亮!
　　　c 你是去哪儿买衣服的,这么辛苦!
(81) a 我是去巴黎买的衣服,很贵,但是很漂亮。

b 我是去巴黎买衣服的,不是跟你说了吗?

(82) a 这么多天没见,干嘛去了?

我是去巴黎买衣服的(啊),不是跟你说了吗?

b 这么多天没见,干嘛去了?

＊我是去巴黎买的衣服,很贵,但是很漂亮。

(80)c、(81)b 和(82)a 是句末"的",它们的后续句都是针对整个句子而言的,而(80)a 和(81)a 都是宾语名词前的"的",凸显的是句末名词,因此后续句可以将前句的宾语作为话题。如果违背这一规则,则构成不合格的结构,如(80)b 和(82)b。

(80)c 是针对事件提问,如果针对宾语提问也可以作出相应的测试:

(83) a 你在哪儿买的衣服?

我是去巴黎买的衣服,很贵,但是很漂亮。

b 你在哪儿买的衣服?

＊我是去巴黎买衣服的(啊),不是跟你说了吗?

这可以进一步证明句末"的"和宾语名词前"的"的两种不同的语用功能。

最后提一句,从句法上看,类似"我是去巴黎买的衣服"这种"的"处于宾语名词前的结构似乎不应该是句法合格的,至少在传统语法上看,主宾搭配有问题。怎么解释这种现象?我们认为,这一类句子开头部分的"N 是"实际上是"N 这(/那)是",而且这一类"N 是"都是轻读的,它仅仅起一个话题提示性标记的作用,是一个话题标记。例如:

(84) 我是去巴黎买的衣服。＝我这/那是去巴黎买的衣服。

(85) 他是在路边儿修的车。＝他这/那是在路边儿修的车。

若是把这些句子开头的"我是""他是"重读,句子很难接受。

8 小结

本研究描写了必用和选用"是……的"、必用和选用"是"、必用和选用"的"一共6种格式。研究表明：

(1) 必用"是……的"不是一个框架结构，"是"属于联系动词，"的"属于构形成分，这两个单位可以构成"X 的是 NP"的结构形式便是一个证明。

(2) 选用"是……的"框式结构属于语用上的，它并非表示强调，该结构中的"是"为焦点标记，标示新信息，"的"表示语用上的"确认"含义，在使用上"是"蕴含"的"。

(3) 必用"是"出于结构上把两个原本不相干的成分组成一个联系结构的需要，属于句法上的，具有强制性；"是"两边的项目如果是偏正短语，要求两边的项目在功能范畴上一致，如果其中之一为 VP 性小句结构，则不受范畴功能一致的限制。

(4) 选用"是"有两种：1)焦点标记或标示新信息的语用形式，一般与"的"配合使用；2)表示语用强调的语气标记，"是"必须重读并且音程较长。

(5) 必用"的"有两种情况：1)是为了使 XP 结构具有名词性功能，因此"的"是一个形态标记；2)是为了满足状态形容词充当谓语的句法要求，而附加在状态形容词之后使之具有描写功能的一个句法手段。这两种"的"都是形态标记成分。

(6) 选用"的"参照(2)，属于语用上表示确认的标记；语用标记"的"在句法上有两个位置：1)宾语名词之前；2)宾语名词之后。"的"处在宾语名词之前标示了宾语的信息焦点性质，"的"处在宾语名词之后可能是形态成分，也可能表示对整个句子陈述的确认。选用"的"具有与体标记"了$_1$"相同的时体意义。

因此，现代汉语中至少有三个不同的"是"的变体：1)句法上必选的系动词"是";2)标示新信息的可选的语用"是";3)强调性重读标记"是"。另外,至少有三个不同的"的"标记:1)偏正结构中的结构助词"的";2)使 XP 具有 NP 功能的构形"的";3)处在宾语名词前后的焦点或确认的语用标记"的"。

语用标记"是"和"的"是否从语法功能词演化而来,可以研究。我们的研究显示词汇的虚化可能存在这样的途径:

$$实词 \longrightarrow 语法功能词 \longrightarrow \begin{cases} ①语素化 \\ ②语用标记 \end{cases}$$

以上研究属于描写性的,虽然我们区分了不同层次的范畴(例如,句法层次和构形层次)和不同平面的范畴(例如,句法平面和语用平面),帮助我们避免了将不同的问题混为一谈而造成的麻烦。

思考与练习

1. 名词解释

1)焦点标记;2)语法功能词;3)"是"的不同功能

2. 练习题

汉语中有不少成对使用的连词(例如"因为……所以""既……也""像……一样""在……上/下/里""如果……那么""从……起""比……还"等),它们有时候成对使用,但也有时候不需要强制成对使用,请举例描写这些连词,归纳哪些情况可以单用,单用时是前连词,还是后连词,并从中总结出规则。

第十四章　对构式内部结构的描写
——以双命题结构"把"字句为例

0　引言

　　任何一种语言中都存在一定数量的稳定的构式,这些构式有着特定的表达功能,对这些构式的分析成为当代语言学中的一个重要任务。

　　对任何构式的研究都可以从两个方面来入手:一个是研究该构式构成的条件;另一个是该构式的整体功能(该功能不能从该构式内部成员的功能的相加得到,也无法从该构式内部成员的功能中推导出来——参见"构式语法"的定义)。或者说,构式研究的目的有两个:1)寻求结构内部的必要条件和充分条件,这些条件可能来源于不同的因素,有语法意义的、心理操作的、语用的、上下文的……;2)寻求构式整体被选择的必要条件和充分条件,即在什么条件下使用该构式。"把"字句是普通话中最常见的构式之一。关于"把"字句的整体功能,我们曾经做过一些初步的考察(金立鑫,1997a,1998a),本章局部性地考察"把"字句的内部必要条件,主要讨论的是构成双命题结构"把"字句的句法条件和语义条件。

　　双命题"把"字句,从动词前后的成分所构成的命题结构来看,主要有三种构成方式:(1)次级谓语①述谓"把"后面的名词②所构成的命题结构;(2)次级谓语述谓"把"前面的名词所构成的命题结构;(3)次级谓语述谓动词核心所构成的命题结构。以下我们逐一讨论。

1 次级谓语述谓"把"后面的名词的"把"字句

这一节我们考察次级谓语述谓"把"后面的名词构成命题结构的"把"字句。我们先以"把"前面的名词作为考察坐标,将其作为变量用不同的论元替换,以此逐一考察"把"后面不同的名词的论元角色,以及次级谓语和这些论元角色之间的选择关系。

(1) 施事　把　Np　Vp③

1) 他把衣服洗干净了。　　　*他把衣服洗累了。
2) 他把这本书翻破了。　　　*他把这本书翻得眼睛发花。
3) 他把这把刀切钝了。　　　*他把这把刀切累了。
4) 他把这根绳子捆断了。　　*他把这根绳子捆累了。
5) 他把这篇论文写完整了。　*他把这篇论文写病了。
6) 他把这些字都写错了。　　*他把这些字都写累了。

当"把"前面的名词为"施事",则"把"后面的名词可以有:"受事"(例1、2)、"工具"(例3、4)和结果(例5、6)。所有的次级谓语和"把"后面的名词之间有属性选择关系,如"衣服"的"干净"属性,"刀"的"钝"的属性,"论文"的"完整"属性,否则句子不能合格。我们将其规则总结为:

---

① 关于"次级谓语"的介绍请见第六章。
② "把"的前后除了可以有名词,还可以有人称代词,但句法功能均相同,在句中作主语或宾语。为方便表述,都以"'把'后面的名词""'把'前面的名词"概括之。
③ Np=Noun phrase(名词短语),Vp=Verb phrase(动词短语)

A 把 P/I/R V Spr(p/i/r)①

(2) 工具 把 Np Vp

7) 这台计算机把答案计算错了。　＊这台计算机把答案计算坏了。
8) 这只模子把饺子包坏了。　　＊这只模子把饺子包锈了。
9) 这把刀把肉切碎了。　　　　＊这把刀把肉切钝了。
10) 这根绳子把书捆紧了。　　　＊这根绳子把书捆断了。
11) 这把刀把他切累了。　　　　＊这把刀把他切钝了。
12) 这根绳子把他勒出血了。　　＊这根绳子把他勒断了。

当"把"前面的名词为"工具",则"把"后面的名词可以有："结果"(例 7、8)、"受事"(例 9、10)、"施事"(例 11、12)。它们同样遵守次级谓语与"把"后面名词之间的属性选择规则。我们将这类"把"字句的句法和语法意义规则总结为：

I 把 R/P/A V Spr(r/p/a)

(3) 结果 把 Np Vp

13) 这本书把他写得昏头昏脑。 ＊这本书把他写完了。
14) 这间屋子把他盖穷了。　　 ＊这间屋子把他盖得很宏伟。
15) 这些衣片把一把裁剪刀剪钝了。
　　＊这些衣片把一把裁剪刀剪好了。
16) 这篇文章把两支毛笔写秃了。
　　＊这篇文章把两支毛笔写完了。

当"把"前面的名词为"结果",则"把"后面的名词可以有："施事"(例 13、14)、"工具"(例 15、16),而不可能有"受事"：

17) ＊那些衣片把这块布剪碎了。

---

① Spr＝Second predictor(次级谓语词), A＝Agent(施事), P＝Patient(受事), I＝Instrument(工具), R＝Result(结果)。

18) *这道菜把那条鱼做得太咸了。

因此,这类"把"字句的句法和语法意义规则总结为:
R 把 A/I   V   Spr(a/i)

(4) 受事　把　Np　Vp

19) 这些衣服把他洗累了。　　*这些衣服把他洗干净了。
20) 这些问题把他弄糊涂了。　　*这些问题把他解决完了。
21) 这道题把这台计算机算出了故障。
　　*这道题把计算机算出答案来了。
22) 这些衣服把洗衣机都洗坏了。
　　*这些衣服把洗衣机都洗好了。
23) 这药片把他的新毛病吃出来了。
　　*这药片把他的老毛病吃剩下了一片。
24) 这些衣服把洗衣机的故障也洗出来了。
　　*这些衣服把洗衣机的故障洗干净了。

当"把"前面的名词为"受事",则"把"后面的名词可以有:"施事"(例 19、20)、"工具"(例 21、22)、"结果"(例 23、24)。这类"把"字句的句法和语法意义规则可总结为:
P 把 A/I/R   V   Spr(a/i/r)

以上四类总结规则如下:

(1) A 把 P/I/R   V   Spr(p/i/r)
(2) I 把 R/P/A   V   Spr(r/p/a)
(3) R 把 A/I   V   Spr(a/i)
(4) P 把 A/I/R   V   Spr(a/i/r)

含有两个命题结构的次级谓语述谓"把"后名词的"把"字句总共 11 种。

2 次级谓语述谓"把"前面的名词的"把"字句

这一节我们考察次级谓语述谓"把"前面的名词构成命题结构的"把"字句,我们采用上一节同样的方法,先以"把"前面的名词为考察坐标,并将其作为变量用不同的论元替换,以此一一考察"把"后面不同的名词的论元角色,以及次级谓语和这些论元角色之间的选择关系。

(1) 施事　把　Np　Vp

25) 他把这些问题弄明白了/得清清楚楚/得出了名。

26) 他把这幅画儿看懂了/得明明白白/得快发痴了。

27) 他把"把"字句研究得清清楚楚/得快走火入魔了。

28) 这孩子把最难的哲学书也读懂了。

29) *他把这把刀切累了。

30) *他把这根绳子捆得眼睛发花。

31) *他把这本书写病了。

32) *他把这间房子盖穷了。

(2) 工具　把　Np　Vp

33) *这把刀把他/柴火砍钝了。

34) *这支笔把文章/学生写秃了。

(3) 结果　把　Np　Vp

35) *这篇文章把他/这枝毛笔写完整了。

36) *这间房子把他/水泥盖得很雄伟。

(4) 受事　把　Np　Vp

37) *这些衣服把他/洗衣板洗干净了。

38) *这扇窗户把他/毛巾擦得很亮。

通过上面的例子可以看到,这一类"把"字句是相当严格的,"把"前的名词只能是施事,"把"后的名词只能是受事。如果是其他角色,句子不合格(例 29—38)。我们将这一类"把"字句的语义结构规则概括如下:

A 把 P V Spr(a)

含有两个命题结构的次级谓语述谓"把"前名词的"把"字句只有 1 种。

3 次级谓语述谓核心动词的"把"字句

我们把汉语动词后面除了宾语以外的成分分为以下几类,见表 14-1:

表 14-1

种类	功能	举例
后置程度状语	表达程度	饿死了
结果次级谓语	行为结果为焦点	洗得很干净
处所状语	通常表达动作行为终点	躺在床上
趋向次级谓语	表达行为方向趋势	走过来
可能状语	表达行为可能性或能力	吃得下
后置方式状语	表示客观行为的方式	走得很慢
动量状语	表示动作量(动作后才能观察到)	打了一拳
时量状语	表示行为持续时间量(同上)	等了一个小时

在"把"字句中,动词后除了宾语以外的这些句法成分并非全部可以用来陈述动作本身,有很多是用来陈述"把"前后的名词的。例如,后置程度状语和结果次级谓语通常用来陈述名词的状态,如:张三把李四追疯了;张三把洞挖深了。处所状语通常陈述"把"

后面的名词所处位置,如:把花儿种在院子里。趋向次级谓语通常陈述"把"后面的名词的移动方向,如:把书带来。可能状语似乎与"把"字句不能兼容,如:*把饭吃得下/吃不下。因此,在本节中我们所要考察的范围就限定在三类后置状语:方式、动量和时量。

(1) 方式

39) *他把字写得很慢。(写得很慢,*字很慢)

40) *他把衣服洗得很快。(洗得很快,*衣服很快)

41) *他把毛笔写得很慢。(写得很慢,*毛笔很慢)

42) *他把绳子勒得很快(勒得很快,*绳子很快)

43) *他把文章写快了(写快了,*文章快了)

44) ?他们把房子盖得太快了。

45) *绳子把草捆得很快。

46) *酒把他喝得很慢。

47) *字把他写得很快。

可见,方式在"把"字句中是否陈述动词,是否能和动词构成命题结构是很可疑的。由于"把"字句结构的"句法语义"要求方式状语强烈的前指倾向,方式成分倾向于指向"把"后的名词或"把"前的名词,因此,即使是结构上指向动词,但是在"把"字句中,原来指向动词的方式,也由于"把"字句的"句法语义"要求而偏离了动词,倾向于指向名词性成分,由此形成了结构上的龃龉。

(2) 动量

48) 他把地扫了一下。　　*他把饭吃了一下。

49) *他把笔写了一下。

50) *他把房子盖了一下。

51) *绳子把草捆了一下。

52) *酒把他喝了一下。

53) *文章把他写了一下。

上面的例子说明,"把"字句中的动量也仅仅在"A 把 P V adv①"的格式中才能起作用。

(3) 时量

54) 他把地扫了一会儿。　　　＊他把饭吃了一会儿。

55) ＊他把笔写了一会儿。

56) ＊他把房子盖了一会儿。

57) ＊绳子把草捆了一会儿。

58) ＊酒把他喝了一会儿。

59) ＊文章把他写了一会儿。

现在我们可以得出较为明确的结论:"把"字句中,动词本身能够接受陈述从而构成命题结构的条件是相当严格的,只有"A 把 P V adv"格式中的一部分能够接受动量和时量,方式能否在"A 把 P V adv"中陈述动词还很可疑。

我们将这一类"把"字句描写为:

A 把 P V adv(Vn/Vd②)

含有两个命题结构的述谓核心动词的"把"字句可靠的只有 2 种。

以上我们用施事 A、工具 I、结果 R、受事 P 这四个参数来构筑不同的"把"字句,从述谓"把"后的名词来看,实际上得到的是 11 种,述谓"把"前的名词实际上得到的只有 1 种,述谓核心动词的"把"字句只有 2 种。而数学上第一种应该有 16 种,第二种也应该有 16 种,第三种数学上应该有 48 种,总共 80 种。然而我们得到的总共只有 14 种。可见有 66 种不合格的"把"字句被我们的语言机制排除掉了。那么,到底有哪些不合格的"把"字句被我们排除了呢? 排除它们的条件是什么呢? 换句话说,这个"过滤装置"是什

---

① adv＝adverbial(状语)

② Vn＝V-number(动量),Vd＝V-duration(时量)

么样子的？我们下面分析。

4 合格和不合格的复合命题"把"字句的结构数量描述

在本研究讨论范围内，我们已经得到的"把"字句一共14种，它们分为三类：

第一类(11种,被排除5种)：

A 把 P/I/R　V　Spr(p/i/r)

I 把 R/P/A　V　Spr(r/p/a)

R 把 A/I　V　Spr(a/i)

P 把 A/I/R　V　Spr(a/i/r)

第二类(1种,被排除15种)：

A 把 P　V　Spr(a)

第三类(2种,被排除46种)：

A 把 P　V　Spr(Vn/Vd)

在以上结构中被排除掉的结构是：

第一类(5种)：

A 把 A　V　Spr(a)

I 把 I　V　Spr(i)

R 把 R/P　V　Spr(r/p)

P 把 P　V　Spr(p)

这5种结构中，"R 把 P　V　Spr(p)"可以另做解释(即一般动词的受事和结果不能共现)，其他4种不合格的结构全部可以用"把"前后的名词不能"自涉"来解释，或者说，在元语言世界中，同一个论元角色不能被复制。类似"我把我打伤了"这样的句子中的两个"我"并不是同一个论元角色。

第二类(15种)：

A 把 A/I/R　V　Spr(a)

I 把 I/A/P/R　　V Spr(i)
R 把 R/A/I/P　　V Spr(r)
P 把 P/A/I/R　　V Spr(p)

以上 15 种,我们可以用上面的"自涉"规则从中排除掉 4 种,另外还剩下 11 种。我们将在后面再作解释。

第三类(46 种):

A 把 P　　　　　V　Spr(Vm[①])=1
A 把 A/I/R　　　V　Spr(Vm/Vn/Vd)=9
I 把 I/R/P/A　　V　Spr(Vm/Vn/Vd)=12
R 把 R/A/I/P　　V　Spr(Vm/Vn/Vd)=12
P 把 P/A/I/R　　V　Spr(Vm/Vn/Vd)=12

一共有 46 种,用"自涉"规则排除掉 12 种,还剩下 34 种。

不合格结构我们在第 5 节中解释。

5　从三条基本原则看"把"字句的结构条件

构成一个合格句的最基本的原则可以归结为:(1)词汇语义兼容原则;(2)关系位置相邻原则;(3)句式语义原则。以下分别讨论。

5.1　词汇语义兼容原则

两个在形式上可能组合成结构体的单位要构成一个真实世界中允许的结构体,要求这两个单位在语义内容上具有语义兼容性。这两个单位的语义特征必须能够匹配,否则该结构便可能成为"合乎语法的但是不可接受的"。

具体来说,如果 A 单位具有某特征,则其组合伙伴也应该具有某特征。这些特征都是可以得到穷尽性描写的。这种语义特征的描写

[①]　Vm=V-modality(情态)

可以用已经得到实践的"知网"①的概念属性方法来实现。此外,词汇函项语法的基本思路也可以参照(赵军,1996)。实际上,词汇的语义结构在很大程度上决定了句法结构的成员(也可参照配价语法的方法)。在这一点上,我们可以借鉴"知网"、词汇函项语法和配价语法的基本思想(笔者以前在配价的框架下举过一个例子,参见金立鑫,1997b),可以将词汇的语义结构及其内部函项关系描写为:

有词 f,其函项为 a,b,c,d……,结构为:f(a,b,c,d……)

括号内的函项表现 f 的各种属性或语义特征(该属性可以通过语料库统计得到其频率顺序,可参照"知网"),例如:

衣服(外观函项:尺寸,颜色,漂亮,难看,干净,脏,大,小,肥,破……;价值函项:便宜,贵……;质料函项:……;数量函项:……)

洗(施事函项:人物;工具函项:洗衣机、洗衣板、洗衣盆、洗衣粉、肥皂……;对象函项:餐具,服装,蔬菜,水果……;自身函项:速度,频率,时量……;结果函项:干净,破,白,褪色……)

如果一个"把"字句以动词"洗"为结构核心,并且选择"服装"为宾语底层,那么,"把"字句和动词"洗"会将"衣服"所具有的"外观"函项作为结构候选项。

在我们前面描写过的所有结构中,被接受的结构共有 14 种,我们仅举其中最严格的一种来做例子。

A 把 P V　Spr(a)

在这一结构式中,"把"前的名词要求具有施事性,"把"后的名词具有受事性。并且结构中的施事受到核心动词和次级谓语的双重选择(也可以说,施事名词对核心动词和次级谓语做了两次选

---

① 即 HowNet,由董振东教授(1937—2019)创立,详情可访问:http://www.keenage.com/html/e_index.html(访问时间:2020.03.03)。

择),只要有一个选择失败,结构就不合格。例如:

60)＊钢笔把张三打碎了。

61)＊张三把问题弄死了。

60)虽然次级谓语和主语之间语义兼容("钢笔碎了"),但是动词和主语之间语义不兼容,主语不具有施事性。61)虽然主语和动词之间语义兼容,动词和宾语之间语义也兼容,但是次级谓语和宾语之间语义不兼容(如果次级谓语和宾语之间语义兼容,则可以构成普通的"把"字句)。我们认为,词汇语义兼容原则更重要的是能够排除掉下面的句子:

62)＊石头把三角形打死了。

63)＊树叶把张三停止锈了。

62)和63)结构内的所有成员之间完全没有任何语义选择关系,属于"一堆词"。这种所谓合乎语法而不可接受的句子早在20世纪50年代Chomsky(1957)就已经指出过了。

因此,词汇语义兼容原则是建立在结构组织的基础上的,是结构内的成员根据结构关系和结构所赋予的角色关系(论元关系)进行选择组合时所遵循的基础原则。

词汇语义兼容原则也可以用来解释类似下面的结构:

64)＊他把衣服洗累了。

65)＊他把这本书翻得眼睛发花。

66)＊他把这把刀切累了。

67)＊他把这根绳子捆累了。

68)＊他把这篇论文写病了。

69)＊他把这些字都写累了。

64)—69)次级谓语述谓"把"后的名词,结构是不合格的,因为"衣服"不具有"累"的属性,"刀"也没有"累"的属性,如此类推。例

66)如果作为次级谓语述谓"把"前的名词来解释,那就违反了"句式语义原则"(参见本章 5.3 节),与"被"字结构的句式语义产生结构争夺。其结果是说话人必须将"把"变换为"被",那么结构合格("他被这把刀切累了")。同理,如果次级谓语述谓的是"把"前的名词,则结构需要变换,将 64)—69)变换为 70)—75)结构合格:

70)衣服把他洗累了。

71)这本书把他翻得眼睛发花。

72)这把刀把他切累了。

73)这根绳子把他捆累了。

74)这篇论文把他写病了。

75)这些字把他都写累了。

以上的例子也可以用下面我们要介绍的"句式语义原则"来解释[如果将 64)—69)中的"把"换成"被",结构合格]。下面看第三类"把"字句中的一些合格结构式中的不合格句:

76)a 把书翻了一下/一会儿。　b * 把饭吃了一下/一会儿。

77)a 把书看了一下/一会儿。

78)a 把笔转了一下/一会儿。　b * 把笔买了一下/一会儿。

79)a 把手拍了一下/一会儿。

80)a 把头点了一下/一会儿。　b * 把课上了一下/一会儿。

81)a 把地扫了一下/一会儿。

82)a 把菜炒了一下/一会儿。

83)a 把眼睛眨了一下/一会儿。

　　b * 把车子驾驶了一下/一会儿。

84)a 把桌子擦了一下/一会儿。

85)a 把凳子拖了一下/一会儿。b * 把凳子坐了一下/一会儿。

86)a 把电话敲了一下/一会儿。

87)a 把牙齿咬了一下/一会儿。b * 把电话打了一下/一会儿。

如果我们把 b 类句子全部换成 SVO 句式,句子可以合格。例如:

88)吃了一会儿饭。

89)写了一下字。

90)喝了一会儿水。

91)上了一下课。

5.2 关系位置相邻原则

结构的一个初始概念①是"依存",否则不存在结构。一个成分必须寻求到另一个能与其匹配的成分,才能构成一个结构。综合语中形态上的一致关系(性、数、格)都是用来表示这种依存关系的形式化手段,在分析语中通常用距离上的远近来表现。关系越密切的距离越近,关系越松散距离越远(参见陆丙甫,2004)。综合语在表现句法关系上的代价是设立相应的句法形式,好处是句法依存关系清晰可见。分析语在句法关系上的代价是组合过程的试错步骤的不确定性,好处是形态简单。

可以简单地说,综合语是形式复杂而理解相对简单的语言,分析语是形式简单而理解相对复杂的语言。后者通过心理操作以弥补形式上的简单化。

但是无论是什么样的语言,形式上的可组合性,是不可缺少的必要条件。比如,在综合语中,性、数、格的一致性是构成一个结构体的必要条件。俄语、德语、法语中如果形容词是阴性形式,而名词是阳性,则视为不合法,它们之间不应该构成一个结构。同样,在分析语中,两个互相相连的成分之间必须具备可组合的可能性,如果不具备这种可能性,则不构成结构。这种可能性一方面是词类的规定性,例如:

---

① 关于"初始概念",以及下面谈到的"核心"和"依存"之间的蕴涵关系,得到陆丙甫先生的帮助,在此致谢。

92) 老王很快买来了一大堆吃的。

"老王"(不必考问这个词的具体意义)的名词属性不可能和"很"的副词属性构成结构体,而副词却能和动词、形容词构成结构体。这些都是语言中的"原则系统"或者语言能力的范畴。人类语言的理解机制和生成机制是建立在这些最为基本的常识性的原则系统上的。

另一方面是词类组合上的方向。由于语言的线性性质,组合方向只可能有两种选择:向左的和向右的。以结构核心为视点,附加成分只能处于核心的前面或者后面,处于前面的附加成分向右指,处于后面的附加成分向左指。这是一般的倾向。但是,研究表明,也有些在结构上向右指,而语义上向左指的情况。这种"指向"应该是双向的。A和B两个单位构成一个结构是这两个单位互相寻找并试图组合对方的结果。

下面我们用这个原则来解释上文中第一类和第三类"把"字句结构合格的原因。

合格的双命题结构"把"字句中,最多的一种结构是:

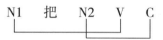

N1居于句首,它唯一的结构搜索方向是向右,搜索至"把 N2"进行试错,"N1 把 N2"失败,N1必须继续向右搜索试错,"N1 + V"符合语言的普遍结构原则,结构成功。N2继续搜索试错,"N2 + C"(C通常为形容词)结构成功。至此,两个命题的组合过程宣告结束。

上面我们提到"结构核心",这个概念可以蕴含"依存",那么"核心"应该是更为初始的概念,是比"依存"更有解释力的概念①。

从结构距离上来看,与核心关系越为紧密的成分越应该靠近

---

① "核心"作为比"依存"更为初始的概念,这是陆丙甫先生在网络交流中提出来的。

核心①(Behaghel，1932；Bybee，1985；Givón，1991——转引自 Lu，1998)。我们可以将其称为"关系位置相邻原则"②。这一点在分析型语言中或许更为明显。但是从命题结构在句法位置上的安排来看，上面的"把"字句并不符合这一原则。但是为什么这类"把"字句却得以成立呢？

从句法上来看，某些"把"字句确实是因为动词后面的宾语和次级谓语争夺位置而引起的结果。因为从语义关系上看，宾语和动词最为密切，宾语理应靠近动词(陆丙甫，2004)，而从时间顺序上看，次级谓语理应在动词之后。根据黄正德教授的理论③，汉语动词的正常位置在句子的倒数第二个位置上，这样，原来都应该处在动词后面的两个成分——宾语和次级谓语就发生了位置争夺。调解的最佳策略便是同时满足双方的要求而不产生冲突。于是宾语放在动词前面满足它靠近动词的要求，次级谓语留在动词之后，动词仍然处在倒数第二个位置。这就形成了"S 把 OVC"的句法格局。可见，宾语前移在句法上是位置冲突因素推动的结果。此外，更多情况下是上下文衔接照应要求因素的推动(参见金立鑫，1997b)。

如果单单从句法冲突角度来看，重动句其实也是一个调解位置冲突的办法，复制一个动词，让两个动词各带一个附加成分，也可以相安无事。或者将宾语索性提前到句首。但是重动句的句式语义在于回答原因、能力或方式(张旺熹，2002；魏扬秀，2001)，而提前到句首则要有说话人改变话题的意图。而如果说话人并非需要表达原因，也并非要改变话题，而恰恰要表达的是"A 通过 B 事件，使 C 或者 A，产生 D 结果或状态"的语义，那么"S 把 OVC"结构便是

---

① 这个学术信息是陆丙甫先生提供的，在此致谢。
② 张伯江(2000)提到"相邻原则"，他的表述为："动词离宾语距离越近就越容易实现对宾语的影响"，也就越容易使宾语完全受影响。这就是 Lakoff 所说的"邻近便是影响力的加强"的原理。与本文所说的"相邻原则"不太一样。
③ 这是黄正德先生于 2004 年 6 月 3 日在上海师范大学做的学术报告，因当时笔者在日本，未能聆听，请姚水英同学转述，在此表示感谢。

最佳选择。因此,在句法和句式语义的双重推动下,双命题结构"把"字句尽管两个命题交叉相嵌,但是最终还是获得了它存在的价值。

如果说第一类"把"字句在结构位置上还能得到一些距离位置原则的解释的话,第二类"把"字句的长距离约束就显得相当的勉强,这也是导致这类"把"字句合格最少的原因。即使这类格式能够合格,条件也相当严格:主语和次级谓语之间的语义关系为"感事",主语必须是能够控制动词并且承受次级谓语感受的主体,以此突出该成分对后续动词和次级谓语的控制,不致于使结构失去连接线索。我们认为,建立这一原则更为重要的是,它可以用来排除下面的结构:

93)＊老王隔壁的把车子新买来的擦得干干净净。
94)＊隔壁的车子把新买来的老王擦得干干净净。
95)＊新买来的车子把隔壁的老王擦得干干净净。
96)＊隔壁的老王擦得干干净净新买来的车子。

93)违背了名词附加语向右指的位置相邻原则;94)"隔壁"和"老王"违背位置相邻原则,"车子"和"新买来的"同样;95)"车子"和"干干净净"违背位置相邻原则;96)"擦得"与宾语"车子"不相邻,同时违背黄正德所说的汉语动词倒数第二句法位置的结构要求。

5.3 句式语义原则

在一个稳定的系统中,每个部件都有自己特定的功能,分工明确,如果不同部件有相同的功能,将造成系统的混乱,使系统变得不稳定,严重的会造成系统瘫痪。同样,每一种句式都有自己特定的表达功能,各种句式及其表达功能形成一个场,场内的所有成员对立互补。句式语义原则有两条准则:(1)所有句式在结构和句式语义上保持一致对应关系;(2)各句式在结构和语义上保持对立,互不侵犯(混淆)。这种原则跟语义场理论的基本原则一致:同一语义场内的各个成员各自统辖相应的语义域,任何一个成员的语义域范围发生变动,将会引起相关成员(通常为邻居)在语义域范围上的变动。我们将这一原则称之为"句式语义场原则",为了避免和语义场理论混淆,我们简称之为"句式语义原则"①。

"把"字句的句式语义②可以表述为"A 通过 B 事件,使 C 或者 A,产生 D 结果或状态"(这一表述是在薛凤生 1994,崔希亮 1995,金立鑫 1997a,张伯江 2000 等以及本研究的基础上提出的)。

张伯江(2000)归纳"把"字句的句式语义为:"由 A 作为起因的、针对选定对象 B 的、以 V 的方式进行的、使 B 实现了完全变化 C 的一种行为",而实际上我们可以观察到的现象还包括使 A 发生变化的"把"字句,以及描写动作状态的"把"字句。因此我们所归纳的"把"字句的句式语义保留了张伯江(2000)的基本特征外,所涵盖的对象要大一些。

第一条准则所谓"句式在结构和句式语义上保持一致对应关系"也可以说是:表达该结构所能表达的。

由于"把"字句的句式语义中最主要的是说明主语对宾语的影响所造成的某种结果或状态,如果该结构无法表达这一句式语义,这就犯了"表达该结构所无法表达"的错误。例如上面的原例 45)和 46):

97)＊绳子把草捆得很快。

98)＊酒把他喝得很慢。

["绳子"通过"捆"的事件使"草"(或者"捆")产生"很快"的结果]

["酒"通过"喝"的事件使"他"(或者"喝")产生"很慢"的结果]

句式语义原则的第一条准则可以用来解释第三类 34 种不合格的"把"字句:

A 把 P   V   Spr(Vm)＝1

---

① "句式语义原则"与"句式语义"的不同在于前者要表述的是不同句式之间存在的互补对立关系。它在一个特定的"句型场"中起作用。

② 近年来明确提出句式语义的是张伯江(2000),本文中句式语义的概念可以和"句型功能"或"结构功能"替换术语。

A 把 I/R	V	Spr(Vm/Vn/Vd)＝6
I 把 R/P/A	V	Spr(Vm/Vn/Vd)＝9
R 把 A/I/P	V	Spr(Vm/Vn/Vd)＝9
P 把 A/I/R	V	Spr(Vm/Vn/Vd)＝9

这些不合格结构中用结果和宾语不能同现的动词类型排除掉2种，剩下32种可以用上面的句式语义原则来解释［参见例97）、98），限于篇幅恕不一一举例］。

第二条准则所谓"各句式在结构和语义上保持对立，互不侵犯"的意思是：不表达不该表达的。我们先用这条原则解释不合格的例29）—38）。这一类句式可能表达的是"被"字句的句式语义。"被"字句的句式语义可以表述为"A 受 B 事件的影响而使 A 产生 C 结果"。我们来看例29）、30），这两个句式可以描写为：

"他"受"用刀切"事件的影响而使"他"产生"累"的结果。

"他"受"用绳子捆"事件的影响而使"他"产生"眼睛发花"的结果。

这些句式语义应该是"被"字句的表达功能，而它所用的却是"把"字句的句式，因此它违反了句式语义原则的第二条准则，表达了它不该表达的，在句式的语义上与其他产生了冲突。

因此，虽然29）—38）形式上同25）—28）相同，次级谓语也同样是述谓"把"前的名词，但这些例句却都是非法的。我们可以用"句式语义原则"解释所有1）—24）的不合格句。因此下列的所有第二类11种不合格结构（已经除去了用"自涉"规则解释的4种）均可以用这一原则得到解释：

A 把 I/R	V	Spr(a)＝2
I 把 A/P/R	V	Spr(i)＝3
R 把 A/I/P	V	Spr(r)＝3
P 把 A/I/R	V	Spr(p)＝3

限于篇幅，请参照上面的分析，也不举例了。

6　小结

　　本文考察了表结果的次级谓语述谓四种典型的论元成分：施事、工具、结果、受事，它们分别充当"把"字句的主语和"把"后名词的结构，以及次级谓语述谓核心动词的各种情况，通过考察，列举了这些结构中所有不合格的结构式。本文考察的第一类"把"字句基本上属于关系位置直接相邻的结构，因此是最主要、最多的"把"字结构，同时它也是与其他相关结构（重动句、被动句）互相调和的结果；第二类"把"字句中的合格形式由于长距离约束，违背了关系位置相邻原则，因此受到严格的条件限制（主语为施事，并且作为次级谓语的"感事"）；不合格形式同时与被动句构成冲突，也违背了句式语义原则；第三类"把"字句中施事主语句则受到句式语义原则和词汇语义兼容原则的双重制约，句式结构要求其动作行为具有完整性，词汇语义要求其具有短时性，因此这类结构倾向于排除强持续动词充当结构核心，其他主语句的不合格主要是违背了句式语义原则。

　　结论：(1)结构内部的成分之间在词汇语义上是否兼容，或者是否具有选择关系是构成一个合格结构的必要条件[①]；(2)好的结

---

　　① 感谢网友 Springj 先生在网络交流中提供的建议："对'把'字句来说，有四部分：致使动因，致使对象，动词，致使结果。'把'字句合格不合格，就看致使动因、致使对象、致使结果与动词及动词的论元对应关系和匹配机制是否和谐。"本文除了在这些论元之间以及论元和动词、次级谓语之间的匹配之外，还考虑了句式之间的对立。词汇语义的选择关系包含在论元之间的和谐选择关系之中了。
　　以前有一组例子始终解不开：
　　1) 我把这个问题弄明白了。
　　2) *我把这个问题弄傻了。
　　3) *这个问题把我弄明白了。
　　4) 这个问题把我弄傻了。
　　Springj 先生建议注意致使动因，如果加入相关上下文，这些句子可以得到解释。例2)现在可以通过句式语义原则来解释；例3)是个伪问题，如果是："这个理论我一直很糊涂，现在这个问题把我弄明白了。"例3)的解释必须参照动因，是 Springj 先生提出来的。

构应该是结构位置直接相邻的,如果结构关系在位置上不能直接相邻,它必须有充足的理由并受到严格的条件限制;(3)一个结构得以存在的价值还取决于它能够表达该表达的句式语义,并且在相关句式之间的互不冲突。

思考与练习

1. 名词解释

1)双命题结构;2)构式;3)词汇语义兼容原则;4)关系位置相邻原则;5)句式语义原则

2. 练习题

1)请用本章描写的框架描写"被"字句,总结构成"被"字句的句法条件,描述合格与不合格的"被"字句的数量,试着解释这些不合格的"被"字句何以不合格。

2)用本章描写的框架描写"连"字句(张三连这个字也不认识/这个字连张三也不认识/张三连李四也不认识),分析这些不同的"连"字句的语义差异及其所对应的句法条件(在何种句法条件下对应何种句法语义)。

3)请用本章描写的框架描写"重动句",总结构成"重动句"的句法条件,描述合格与不合格的"重动句"的数量,试着解释这些不合格的"重动句"何以不合格。

第十五章　有理论导向的句法描写
——以"存现句"为例

0　引言

结构主义语言学自称是一个"发现程序",可以通过对客观语言现象的描写得到现象背后的规则(即规则被发现)。但是也有很多学者认为,描写的背后也是有理论驱动的。即描写者在描写对象的过程中会无意识地受到某种理论假设的暗示,按照本人不自觉的理论假设或框架对对象进行观察和描写。这样,由于理论假设或理论框架不同,很有可能所谓的"被发现的规则"就很不相同。本章以汉语普通话中的"存现句"为例,展示和对比两种不同的理论视角对同一现象进行描写所得到的不同规则,同时也比较这两种描写以及得到的结果之间的优劣。

先简单介绍一下两个工具性概念。一个是动词的行为类型(aktionsart),近年来引起国内不少学者的注意。在德语、希腊语等语言中,动词都分属于不同的行为类型,不同行为类型的动词构成的句子,时体类型也不同,因此动词的行为类型和句子的时体类型之间有较为整齐的对应关系。另一个是事件的情状类型(situation type,我们用来指称动词短语或小句的事件时间类型)。情状类型不仅仅有时体分析的意义,而且也有语义分析的价值。

汉语句子的时体类型一直是学者们关注的问题,也有不少学者从汉语动词的行为类型角度作出了很有意义的探索。本章试图在行为类型理论的视角下描写并解释下文所讨论的不同"存现句"在句法结构和语义上的差别,然后讨论动词和行为类型之间的关系,并试图在Vendler(1957)的基础上将汉语动词时间结构的研究引向深入。

1 "±附着"语义特征视角下的描写和规则

现代汉语语法研究中有一个很经典的例子:"台上坐着主席团"和"台上唱着戏"的比较,朱德熙(1981)曾经将这两个句子的差别归于"±附着"义的对立。如下:

(1) a 黑板上写着两个字。　　　　b 台上唱着戏。

朱先生认为 a 类句式的动词都有"附着"的意义,b 类句式中的动词则没有这个意义。a 类动词还包括"坐、站、躺、蹲"等。朱先生认为,这是这类动词本身的语义特征,他说"这可以从词典里对某些 Vd 类动词的释义里看出来"。上面的 a 组可以变换为下面的 c 组:

(2) a 院子里放着四方桌。　　　c 四方桌放在院子里。
(3) a 屋子里躺着一个人。　　　c 一个人躺在屋子里。
(4) a 草地上站着张三。　　　　c 张三站在草地上。

但是 b 组的例子不能变换成与 c 平行的 d 组:

(5) b 台上唱着戏。　　　　　　d *戏唱在台上。
(6) b 屋子里跳着舞。　　　　　d *舞跳在屋子里。
(7) b 草地上播放着音乐。　　　d *音乐播放在草地上。

现在我们要问,这种差别到底是由什么因素引起的?我们将上面句子变换前的内部结构分解为三个主要成分:A 处所词;B 动词;C 一般名词。变换后的结构内部成分分别相应记为:处所词 a;

状态动词 b；存在对象 c。这样,(2)—(4)的结构成分的变换如下：

A　＝　a(处所词角色相同)
B　＝　b(动词状态相同)
C　＝　c(名词角色相同)

但是(5)—(7)例句变换的结果是：

A　＝　a(处所词角色相同)
B　≠　b(状态变为活动,参见下文例 8—10 的变换)
C　≠　c(名词角色非存在对象)

(2)—(7)内部成分 A、B、C 与 a、b、c 之间的对应关系中,(2)—(4)都能有整齐的对应性,而只有(5)—(7)中的 B、C 不能对应于 b、c,因此,根据剩余法可以推断,(5)—(7)之所以不能变换,问题出在成分 B 和成分 C 上。

观察发现,(2)—(4)变换以后主语和动词之间是一种"静态的存在类型"或者"静态的状态的持续",而(5)—(7)的动宾关系也可以变换为主谓关系,但是变换后的主谓关系是动态的持续(见下)。我们可以通过添加表示动态持续的副词"在"来测试：

b 组可以作如下变换：

(8) 台上唱着戏——戏唱着——戏在唱
(9) 屋子里跳着舞——舞跳着——舞在跳
(10) 草地上播放着音乐——音乐播放着——音乐在播放

a 组不可作相同的变换：

(11) 台上坐着主席团——主席团坐着——*主席团在坐
(12) 院子里蹲着老王——老王蹲着——*老王在蹲
(13) 屋子里躺着一个人——一个人躺着——*一个人在躺

这两组例子的差别我们很难用"±附着义"来解释,但是如果用动词的行为类型模式来解释,那就容易得多,以下我们来讨论。

2 行为类型论的解释力

"行为类型"(aktionsart),这个词来自德语,字面意思就是"kinds of action",是根据动词表现的行为在客观世界中占据的时间特征划分出来的动词类别,也称之为"词汇体"。动词是用来表现动作、行为、状态、关系的,而我们世界中的动作、行为等都不可避免地与时间相关。因为时间是运动的形式,是运动的本质特征。因此,所有的动词都分属于不同的行为类型。

学者们通常把行为类型分为以下几类:状态(states)、活动(activities)、完成(accomplishment)、成就(achievement),这四个概念最早是由哲学家 Vendler(1957)提出的。不过,Vendler 在确定这些范畴的时候,动用了与动词相关的其他成分,甚至同一个动词因为宾语的不同,就可能分属于不同的类型。在与这个宾语搭配的时候,可能是活动,而在与其他宾语搭配的时候可能是完成(Vendler,1957:100,102)。

我们把动词本身所表现出来的行为时间类型称作行为类型,也就是 aktionsart,把动词加其他成分整体表现出来时间类型称为情状类型(situation type)。区分这两个概念的原因是出于语言类型的差异。有的语言大部分动词本身就有时间类型,而有些语言的动词则需要其他成分的配合。当然,我们也完全可以采用Vendler 的四个概念来分析行为类型,也可以用比这个理论更为细致的方法来分析。下面我们先用 Vendler 的概念来分析上面的例子。

我们在第 1 节中所列举的两组对立的例子中,a 组"台上坐着主席团"这类句子中的动词形式(动词加词尾)属于状态类型。其典型成员是"站""坐""蹲""躺""戴""贴"等。

这一类状态动词的使用绝大多数粘附"在",我们随机抽取"现代汉语平衡语料库"①中包含动词"站"的前200个例句。其中,"站在"147个,占总数的73.5%,"站着"12个,占6%,二者相加共计159个,占总数的近80%。这些动词所构成的"V在"或"V着"都是表示状态的。另外,我们从这些数据的分布(73.5%∶6%)中可以发现,"V在"所表达的状态属性比"V着"更为典型。

现在我们来看另一类b组的句式。"台上唱着戏"这一类句子中的动词形式属于活动类型。其典型成员是"演""唱""修""做""讨论"等,这些动词所表现的行为通常需要持续一段时间(过于短暂的时间一般不能满足行为的需要)。活动动词可以兼容表示活动持续的"在V"和"V着",但是无法兼容典型的表示状态持续的"V在"形式。因此,它虽然可以以"L②＋V着＋Np"的形式出现,但是却无法以"Np＋V在＋L"的形式出现。因此,这一类句式无法像"台上坐着主席团"一样变换。

相反,由于"台上唱着戏"表示的是活动类型,而"台上坐着主席团"是状态类型。因此,"台上唱着戏"可以变换为"L＋在 V＋Np",而"台上坐着主席团"却不能变换为这一句式。因此,它们有下面的对立形式:

(14) a 台上在唱戏　　　　　b *台上在坐主席团
(15) a 屋子里在跳舞　　　　b *院子里在蹲老王
(16) a 草地上在播放音乐　　b *屋子里在躺一个人

可见,以往所讨论的两类句式"台上坐着主席团"和"台上演着戏"的对立,更为本质的是状态持续和活动持续的对立。

典型的状态动词和活动动词比较容易通过行为类型来解释,但并非所有的动词都是典型类型。因此,在许多研究中,我们不得不结合其他成分来分化事件的情状类型,甚至通过句外的成分来

---

① http://asbc.iis.sinica.edu.tw,访问时间:2020.3.2。
② L＝Location(位置)

区分事件的情状类型。例如：

(17) 开着门

(18) 穿着裙子

(17)和(18)既可以是状态也可以是活动。单单从动词本身，我们很难区分它们。如果我们添加其他辅助性成分，情况就不一样：

(19) a 银行开着门　　　　b 他不正开着门嘛

(20) a 她穿着裙子走过来　　b 她正穿着裙子呢

上例 a 是状态，b 是活动。因此，单独看这些动词，我们无法区分。我们的语言中有不少类似单独无法区分其状态类型的动词。面对这种动词，我们或许只能在短语情状类型的层面上而不是动词本身的类型上作出区分了。

3　行为类型：完成和成就

完成(accomplishment)和成就(achievement)这两个概念也可以翻译为"完结"和"达成"，我们用下面的例子来区分这两个概念。

(21) 我昨天写了一封信。

(22) 我昨天认识了一位新朋友。

很多人感觉这两个句子的时体是一样的。确实，它们的时体是一样的，但并不能说它们的情状类型也是一样的，实际上这两个句子所表现的情状类型并不相同。请看：

(23) 我昨天写了一封信，但是没写完。(Tai,1984)

(24) *我昨天认识了一位新朋友，但是没认识完。

(25) 我昨天认了那些生词，但是没认完。

(26) *我昨天写成了一封信，但是没写完。

（21）通过添加后续句成为（23），（23）表明"信"并没有写完，也就是事件的运动虽然停止了（完成，或结束），但是事件并没有达到预计的目标，对宾语的处理尚未圆满。但是如果我们不添加为（23），单看（21）既可以理解为"完成"（动作结束），也可以理解为"成就"（一封信写完了）。因此（21）的行为类型可以有两个解释，而（23）的行为类型却只有一个解释。这是"写了"这一类动词短语在行为类型上的不确定性造成的。

（21）可以通过添加变成（23），但是（22）却不能通过添加变成（24），这就是因为"认识"是一个已经成就了的行为，不可能再需要继续加工，因此（24）不合法。同样的道理，（25）中的"认"是尚未成就的，所以后续句可以说"还没有认完"，但是（26）的"写成"表达"成就"意义，所以无法添加"还没有写完"的后续句。

从上面的分析我们可以看到，"成就"蕴含"完成"。一个事件如果成就了，那么它也完成了，但是一个事件完成了，则不一定成就了。所以，单独一个完成的事件，可能是成就的，也可能是还没有成就的。

根据 Vendler 的模型，行为类型首先可以根据能否"反复进行"区分为两类，然后在不能反复进行的那一类中，根据是否为"瞬间"时间特征，分为"状态"和"成就"，在可以反复进行的那一类中根据有没有自然的终结点分为"活动"和"完成"。汉语中只有"成就"和"状态"类是具有形态特征或不需要其他成分的配合就能确定的（比如，我们常见的汉语"动结式"），而"活动"和"完成"却很难在形态上来断定，需要由配价成分或其他成分的配合才能确定。如果没有其他成分的配合很难确定其是否"完成"，我们可以把它们合为一类，用"活动"来统称。因此，我们认为，汉语中的动词可以分为三种行为类型："状态""成就"和"活动"。这三类行为类型可以用来解释许多体助词的使用条件，以及相关的句式时体特征。

4 小结

我们通过汉语动词的行为类型的讨论显示,动词的行为类型的解释力或许要比以往一些基于动词语义特征的分析和解释更为有力,汉语的动词行为类型不仅可以用来解释某些句式之间的区别,也可能用来解释某些体助词使用的条件。同时,本研究还显示,汉语动词的行为类型在"状态""成就"和"活动"的类型上有着明显的区别,而"活动"和"完成"的区别超出了动词本身的形态,需要在动词短语的层面上用"情状类型"的概念来解释,换句话说,在汉语中,"活动""完成"属于情状类型,而"状态""成就"则属于行为类型。区分这两个层次有助于我们对动词形态和动词时间特征的认识。

那么汉语有没有可能全部采用情状类型来处理动词的时间类型?如果采用情状类型,需要考虑的问题是:是否有一以贯之的标准或方法确定情状类型?情状类型的解释力比行为类型强多少?它能否或多大程度上能帮助我们在词库内部建立时体标记规则?这是试图建立汉语情状系统理论必须回答的问题。

思考与练习

1. 名词解释

1)行为类型;2)成就(Achievement);3)情状类型

2. 练习题

1)请用分布描写方法描写汉语主动句与被动句的差异,然后根据生命度等级来解释在何种条件下倾向于采用主动句,在何种条件下倾向于采用被动句。

提示1：与名词宾语的生命度等级相关。

提示2：名词类的生命度等级可以按从高到低顺序排列为：第一、二人称代词＞第三人称代词＞亲属称谓＞普通人类名词（如工人、学生）＞动物名词＞无生命名词。

2）请用分布描写方法描写汉语名词前多个不同类别定语排列的顺序，并根据"可别度领先"原则来解释这些定语排列的规则。

3）请用分布描写方法描写汉语动词前多个不同状语排列的顺序，找出它们先后排列顺序的规则，并给出理论解释。

第十六章　语法描写的逻辑形式[①]

0　引言

　　前面所有的章节都是通过具体的实例从各个角度以及语言的各个层面来展示如何进行描写的具体方法。所有实例的描写过程都是可以观察到的。但是，如何保证描写的穷尽性，以及保证对描写对象观察的可靠性或使得观察和描写合乎逻辑呢？这一章我们就讨论描写的逻辑问题。

　　我们之前也说过，语法研究的第一步是对语法现象进行描写，描写的目的是为了弄清楚语言事实。例如，某一语法单位到底具有什么样的分布特征（在哪些分布条件下必须出现、不能出现或隐现自由），它的这些分布特征到底受到哪些条件制约，某一语法单位到底具有哪些语法功能，等等。而描写的结果是得到上面这些问题的规则，如它在分布上的规则，受到句法制约的规则等。语法描写中最常见的疏忽是，只通过某一类例子的描写就试图证明某理论或某规则的成立，而实际上与这类例子逻辑上平行的例子还有很多，但并没有引起研究者的注意，而这些例子很可能与原规则构成矛盾。例如，研究某些语法单位出现的条件，仅仅列举一些出现这种单位的例子并不够，还应该举出看似相同分布条件下不能出现的例子。所以，为保证描写的充分性和可靠性，描写必须遵循

[①]　这一章是与陆丙甫先生合作完成的。

逻辑要求,因为只有遵循逻辑,才能保证描写的穷尽性和严密性,也能够使描写结果得到可靠的规则表达。这是本章的主要目的之一。

然而,逻辑方法仅仅是保证语法描写严密性和充分性的必要条件(但不是充分条件),换句话说,采用符合逻辑的方法不一定能保证描写的严密性和充分性,例如,出现或不出现某一单位的条件有多种,逻辑保证我们能穷尽"出现""不出现"和"可出现"的所有可能,但无法穷尽其中每一种的具体分布条件。但如果违反逻辑方法,则描写必然不具严密性和充分性。

语法描写的结果是一套规则,而这套规则通常可以用一个命题来表述。(金立鑫,2007:344)而理论是建立在这个命题之上的——通过在命题的主项和谓项之间,或者在命题的前件和后件之间寻求二者间的必然联系,从而建立理论。本章将就描写的逻辑和如何在描写结论的基础上建立和验证理论等问题,以具体实例进行展示和分析。

1 单个描写对象的逻辑格式

假如我们所描写的对象是"某一个"单位 X,像汉语语法中最为经典的难题"的"和"了",那么要穷尽 X 的分布规则可以用一个逻辑方阵来表示,见图 16-1:

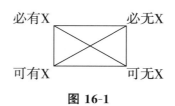

图 16-1

X 的分布理论上应该有这四种形式。然而自然语言的语义关系要比形式逻辑中的语义关系复杂得多。在形式逻辑中,"必有 X"

为真，则"可有 X"也为真，即"必有 X"蕴含"可有 X"；"必无 X"与"可无 X"的关系同理。这用来判断必然命题和或然命题之间的真值关系确实没错。但在表达实验条件的作用时，其关系并非如此，因为实验室中的"必有 X"并不意味着"可有 X"。同理，"并非可有 X"的等值形式可能是"必有 X"或"必无 X"，而不仅仅是"必无 X"。例如：

必有 X：亮晶晶＊（的）眼睛，教数学＊（的）老师，新出＊（的）书
　　　　好像变＊（了）一个人，倒＊（了）一棵树，跑＊（了）一只鸡
必无 X：玫瑰（＊的）花，青年（＊的）教师，学生（＊的）会员
　　　　常去（＊了）家乐福，没去（＊了）学校，想去（＊了）中国
可有 X：漂亮（的）姑娘，年轻（的）教师
　　　　赶走（了）敌人，写完（了）文章

以上三种分布形式中，"必有 X"为真并不意味着它所对应的"可有 X"为真，例如"亮晶晶的眼睛"，其中的"的"不是可有的，而是必有的；同理，"青年教师"中间是必无"的"而不是可无"的"。因此，自然语言的语义规则与形式逻辑的规则并非完全对应。

上面逻辑方阵的四个格式，自然语言中的"可无 X"可以用"可有 X"替换①，因此，我们只需要三种逻辑格式就可以将它们所有的分布类型描写出来。

然而上面所展示的还只是分布类型，而不是分布规则，分布规则是要通过对各种分布类型中的所有现象进行抽象才能得到。抽象出来的分布规则是：如果 a，则必有 X；如果 b，则必无 X；如果 c，则可有（可无）X；更理想的是在必有、可有和必无之间建立起一个

---

① 逻辑上"可有"跟"可无"不同。凡"必有"真，"可有"真（上下关系）；"可有"真，"必有"不一定真。凡"必无"真，"可无"真（上下关系）；"可有"和"可无"是下反对关系（与"上反对关系"相对），二者可同时为真。所以可以合并为一类。

跟某种条件相关的连续统,包括"可有 X"的倾向程度变化。陆丙甫(2007)注意到这个连续统跟语序有关:在组合式定语中,越是前置的定语越是不容易有"的"。如最前面的指别词必无"的";稍后的数量词定语基本无"的",只有在特殊情况下才能带"的";最后面的动词和形容词短语必有"的"(光杆动词和形容词直接作定语时,不是短语作定语,属于复合词内部的粘合定语)。并且,可有"的"还跟整个名词短语在句子中的位置有关,同样的名词短语,在动词前倾向不带,在动词后则倾向带。根据以上分析,陆文指出"可用 X"的倾向跟定语的"指别性－描写性"对比有关:指别性越强,越倾向不用"的",描写性越强,越倾向用"的"。然而,陆文还不曾描写出粘合定语的分布规律,如:为何"青年"作定语只能采取必无"的"的粘合定语形式(即复合词内部定语)①,因此其描写和解释仍然是很不充分的。

如果某一天我们得到了以上现象的分布规则,那么我们的工作就可以进入理论解释阶段——对规则提出解释,解释规则为什么是这样的;规则之所以如此表现,其背后的动因是什么。由于语言学理论只有在规则的基础上才能提出,而规则只有在充分描写的基础上才能抽象。因此,描写是语言学研究的第一步。而"某一个"单位的分布描写又是最基础的工作。为了保证描写符合提取规则的要求,唯有依据上面的逻辑格式来做才能保证描写是无遗漏的。

以上逻辑方阵中的三个有效格式可以用于对所有单个语法单位的描写。

---

① 类似的例子还有"玫瑰花、学生会员"等为何只能是无"的"的粘合定语。陆丙甫(2008)比较了汉语"的"跟日语 no 的分布差别,但是其中也没有提到为何日语中"玫瑰 no 花、学生 no 社员"这样的例子却完全合格。陆文认为粘着定语既非指别性又非描写性,而是"分类性"的,如果这样,则需要对"指别性、描写性、分类性"作出严格的定义。

2　两个描写对象的逻辑格式

在语法研究中,同时观察两个描写对象有两种情况:(1)X 与 Y 在同一句法位置共现或不共现,如两个(甚至三个)近义虚词不共现于一个句法位置(排除个别重复表述);(2)X 与 Y 在不同句法位置共现或不共现。

无论是(1)还是(2),它们在分布上可能的逻辑格式只能是:

1:X 相容析取 Y,即,X 与 Y 可共现,也可单独出现,但不允许两个都不出现;

2:X 蕴含非 Y,即有 X 必无 Y,不允许 XY 同现,但允许 XY 同不现;

3:X 蕴含 Y,即有 X 必有 Y,反之不必然。允许 XY 同现或同不现;

4:X 等值于 Y,即 X 与 Y 分布完全相同。不允许 X 和 Y 单独出现;

5:X 不相容析取 Y,即有 X 必无 Y,反之亦然,不允许 XY 同现或同不现;

6:X 与 Y 合取,X 与 Y 必须同现,缺少任何一个,结构不合格。

以上是通过对两因素分别设定"有/无"或"正/负"两值再穷尽性排列其四缺一、四缺二、四缺三等共 16 种可能(陆丙甫,2006),再合并了一些等值的组合,排除了一些无意义的形式,最后得到的结果。这一结果与形式逻辑中的命题类型完全相同。我们似乎无法在逻辑上超越前贤。本研究只是将"X 蕴含 Y"和"Y 反蕴含 X"合并成一类,同时为了研究语言的方便分出了"X 蕴含非 Y"一类,其他无改变。以下逐一讨论。

2.1　X 相容析取 Y

所谓"X 相容析取 Y"是在其他条件不变的情况下,变量 X 和 Y 均可分别致使结构成立。只有当 X 和 Y 均不起作用时,结构不合格。如下面的例子,可以有多种表述(设"打"为 X,"死"为 Y):

(1) a 看守所打死了犯人。
　　b 看守所死了犯人。
　　c 看守所打了犯人。
　　d *看守所了犯人。

例(1a)包含了谓语动词"打"和次级谓语"死";(1b)中只有次级谓语"死";(1c)中只有谓语动词"打"。但是(1d)中既没有谓语动词也没有次级谓语,并且句子在语法上也不合格。这说明,在这样的句子中,谓语动词和次级谓语(都是独立的词)只要它们中的一个成分出现,句子在语法上就能成立。但是不允许既没有谓语动词也没有次级谓语。这就是所谓的两个成分相容析取。这个例子还告诉我们,这一类传统语法中所谓的"补语"本质上与谓语相同,它能担当起谓语核心的功能。因此它本质上也是一种谓语,所以我们称之为"次级谓语"(secondary predication,金立鑫,2009a)。

我们可以用这种逻辑格式描写语言中"两因素共同作用于结构"的规则现象,如刘丹青(2003:124-125)的例子,介词"以"与"夜"构成的介宾结构(介词可以前置于名词,也可以后置于名词)和动宾结构"继日"进行组合,一共可以得到 4 种结构形式:

(2) a 夜以继日
　　b 继日以夜
　　c 以夜继日
　　d *继日夜以

根据刘丹青的解释,"以"作为联系项,有"居中"倾向(我们设为 X),同时汉语中的"以"又是个前置词,要求前置(我们设为 Y)。那么例子(2)中的 X 和 Y,只要符合其中任何一项,则该句式成立,如(2a)—(2c);只有当句子既违背 X 又违背 Y 时,句式才不合格,如(2d)。(2b)既符合 X 也符合 Y,既是联系项居中,又是介词前置,因此汉语中有很多类似的例子,如:饱以老拳、嗤之以鼻、持之以恒、相濡以沫等。(2c)符合"介词前置",所以合格。但是(2d)既不是介词前置,联系项介词也不在中间,所以不合格。

2.2　X 蕴含非 Y

即有 X 必有非 Y(或无 Y),不允许有 X 有 Y。独有 X 成立,独有 Y 成立,X 和 Y 均无也成立,但既有 X 也有 Y 不成立。请看下面的例子:

(3) a 看守所没打死犯人。
　　b＊看守所没打死了犯人。
　　c 看守所打死了犯人。
　　d 看守所打死犯人。

设上面例子中的"没"为 X,"了"为 Y,凡是出现 X"没"的环境中,便是非 Y,在这里表现为无 Y。相反的情况也能成立,即出现非 Y 的环境中也能出现 X。X 和 Y 两个因素都不出现的格式也能成立。但是绝不允许 X 和 Y 同时出现。这个例子告诉我们,"了"和"没"在同一语法层次是互相对立的,"没"如果定义为否定已经发生的事件,则"了"就是表现已经发生的事件。上面的分布是无条件的。如果在某些情况下"没"与"了"同现,那一定是有条件的。进一步地看,我们会发现,在很多情况下"没"和"了"的使用条件跟某一具体事件(主要是过程动词)是否获得客观世界的时间跨度有关。例如(以下例子均与语境无关):

(4) a＊我吃了饭。

b 我吃了一碗饭。

c 我没吃饭。

d ＊我没吃一碗饭。

这个例子说明，在过程动词的事件中，已然体标记词尾"了"如果与"现时相关"，则需要获得客观世界中的一个时间跨度（金立鑫，1998b），宾语带数量定语能够满足提供时间跨度的要求。例中的"一碗"提供了时间跨度。而非"现时相关"的行为动词带已然体标记词尾"了"，并没有满足时间跨度的要求，如"我吃了饭就走"和"他昨天吃了就走了"中的"吃了"与"现时"无关。否定一个行为曾经发生过，实际上也是说这个行为没有获得过时间跨度，因此在否定行为发生过的句子中，不允许提供时间跨度，否则将造成矛盾（给一个没有发生过的行为提供一段时间是荒谬的、不可理解的），如（4d）。至于"他没吃一碗饭，而是吃了两碗饭"则另当别论。

严格地说，"X 蕴含非 Y"完全可以用"X 蕴含 Y"来定义，这仅仅是个设定 Y 逻辑值的问题。因此本节和下一节的"X 蕴含 Y"完全相同，我们分开的目的是方便语法描写。

2.3 X 蕴含 Y

所谓"X 蕴含 Y"，指的是有 X 必有 Y，反之不必然。不存在有 X 而没有 Y 的分布。最容易理解的便是宾语蕴含动词，定语蕴含名词，状语蕴含动词或形容词。生成语法中的 DP（限定词短语，有限定语必有名词，反之不必然）、IP（形态屈折短语，有动词形态屈折，必有动词，反之不必然）等也可以用这个蕴含关系来表达。汉语中的介词与其宾语之间的关系也基本如此：

（5）a 他把文章改了一遍。

b ＊他把改了一遍。

c 他文章改了一遍。

d 他改了一遍。

b有"把"而无宾语是无法接受的;如果有宾语而没有介词或者介词和宾语都不出现也是可以接受的,即(5c)(5d)。类似的例子还有:

(6) a 把酒买来了
　　b ?把酒买了①
　　c 酒买来了
　　d 酒来了

这个例子告诉我,这一类动词句中的"把"蕴含"次级谓语"。汉语中有不少句式需要某些特殊的句法成分来配合,例如"被"一般也需要"次级谓语"来配合(有严格条件限制的情况下不必),还有些动词需要特定的标记来配合,而这些标记并非一定与这些特定的动词相配合,还可以与其他动词配合。

蕴含关系不仅可以用来表达以上句法结构中的分布蕴含关系,而且还可以用来表达语言范畴之间的蕴含关系。即一个语言中如果存在某些语法范畴,那也一定会存在另一个语法范畴。当代语言类型学的研究发现,这种语法范畴之间的蕴含关系大量存在于人类语言中。例如,任何一种语言,第三人称代词蕴含第一、二人称代词;相反,第一、二人称代词的性别标记(或反身代词形式)蕴含第三人称的性别标记(或反身代词形式);名词性宾语前置于动词,蕴含代词性宾语前置于动词;等等。

上述人称蕴含跟"把"和次级谓语之间的共现不同,是非共时的蕴涵关系。属于非共现的蕴含例子很多,例如,一种语言中,如果动词有进行体标记,则一定有已然体标记,反之不必然;如果一种语言中动词有将来时标记,则一定有过去时标记,反之不必然(金立鑫,2009b:341—342)。

---

① 有人说,"他已经把鸡杀了"也能说,我们认为这里的"了"是马希文(1983)指出的动词弱化的"了"/lou/,具有传统补语的性质。在一些方言中,这个句子动词后面还需要补出传统补语。如上海方言:伊已经奈鸡杀特了。

2.4 X 等值于 Y

即互相蕴含,通常表述为:X 当且仅当 Y。换句话说,只要 X 出现,Y 必然出现,反之亦然(不是反之不必然)。在自然语言中,有些 X 或者 Y 采取零形式,这也是允许的。零形式意味着它是存在的(可以通过操作证明它的存在),因此在自然语言中似乎很难找到有 X 而无 Y 的现象,相反有 Y 而无 X 的例子同样很难找到。例如,同现性句法成分的互相蕴含:

(7) a 对这件事情来说,本人负有不可推卸的责任。
　　b *对这件事情上,本人负有不可推卸的责任。
　　c *在这件事情来说,本人负有不可推卸的责任。
　　d 这件事情,本人负有不可推卸的责任。(X 和 Y 零形式)

汉语的话题标志可以是居前标志(对、对于),可以是居后标志(来说、啊、等)。上面的"对"和"来说"属于环置介词,实际上所有的环置介词的前标志和后标志都是互相蕴含的。以上例子中,话题标记"对"的出现意味着话题后标记"来说"的出现,反之亦然。即使所对应的标记形式上没有出现,但实际上依旧存在。

汉语中还有许多成对的语法标志,例如,成对的连词"因为……所以……""若……则……""即使……也……"等。这些标志也都是互相蕴含的,"因为"意味着后面的句子是"所以",同理,"所以"意味着前面的句子是"因为"。

2.5 X 不相容析取 Y

所谓"不相容析取"是有 X 必无 Y,反之亦然。二者不能同现,也不能都不出现。它与"X 蕴含非 Y"的区别是,后者允许二者都不出现,而"不相容析取"既不允许二者都不出现,也不允许二者都出现。即:二者必居其一。我们看下面的例子:

(8) a ＊村子里没死了人。

　　b 村子里没死人。

　　c 村子里死了人。

　　d ＊村子里死人。

在这样的句式中,要么使用已然体标记"了",要么使用否定实现体标记"没",以满足"体"表达的必要性。二者都不使用或者二者都用,都是不允许的(如果二者都不使用,必须有相应的补偿手段,例如,用其他词汇形式来弥补"体"意义表达的空缺)。在这里,"没"与"了"构成严格的互补对立。我们在2.2中提到的"了"和"没"的对立与这里的对立显然不同。2.2中"了"与"没"的对立与宾语的"有指无指"相关,都是表述行为的句子。而例(8)是达成类动词句。这或许是要求句子必须提供相应的体范畴的一个重要条件。根据这个条件,似乎可以类推出下面的句子:

(9) a ＊路边没倒了树。

　　b 路边没倒树。

　　c 路边倒了树。

　　d ＊路边倒树。

但是我们发现却有下面的句子:

(10) a ＊床上没睡了人。

　　 b 床上没睡人。

　　 c 床上睡了(一个)人。

　　 d 床上睡(一个)人。

可见(10)与(8)(9)不是同一类型,(10)属于相容析取式。因此它们之间应该还有其他因素导致这种差别。或许这是状态动词和达成动词差别的表现形式之一。

2.6 X 与 Y 合取

X 与 Y 必须同现，缺损任何一个要素，结构不合格。这一格式也可以理解为 X 和 Y 均为必要条件。许多语言中都有句法上的"一致关系"(agreement)，这种语法标记上的一致关系就属于这种 XY 合取式。例如形容词和名词之间的"性"的一致关系。X 和 Y 中的任何一个缺少应有的特征，结构就不合格。汉语中有一类动词必须和一定的宾语相匹配，这类动词和宾语互相依存。如果加上特定的状语就构成"X 与 Y 合取"的四缺三格式。如下面例子中的动词"看作"和宾语"你同意"：

(11) a 我就看作你同意了。
　　 b * 我就看作。
　　 c * 我就你同意了。
　　 d * 我就了。

还有一类动词必须有状语搭配才能构成结构，如下面的动词"自居"和状语"以领导"：

(12) a 他到现在还以领导自居。
　　 b * 他到现在还以领导。
　　 c * 他到现在还自居。
　　 d * 他到现在还。

这个问题我们将在 4.4 中进一步讨论。

3 将多个观察对象简化为两个

语言描写的一条最基本的原则是以"最小对立对"为基本观察单位，或实验科学中的对照组。因为任何实验控制两个量（一个变量，一个常量）是最简单的方法，如果是多于两个的变量，我们无法或很难确定是其中的哪个变量在起作用（如果要做的话，过程将非常复杂）。语言研究同样如此。假如我们不得不面对多个参数，要在多个参数中确定其中的条件关系，唯一的方法就是将多个参数简化为两个因素，或逐步简化为两个因素。

语言类型学中经常讨论到的三个参项：S、V、O，这三个参项可以排列为 6 种语序，我们将其分为两个要素，一个是 V 的位置，一个是其他成分（相对 V 的位置），可以得到：

SOV，OSV（V 居尾）
VSO，VOS（V 居前）
SVO，OVS（V 居中）

Dryer(2013a)用这三个参项进行了统计，结果如表 16-1①：

表 16-1

SOV	SVO	VSO	VOS	OVS	OSV	无基本语序
565	488	95	25	11	4	189

根据采用各语序语言的数量多少来排列，可以得到下面的顺序：SOV > SVO > VSO > VOS > OVS > OSV。现在我们能否从中找到决定这种语序倾向的条件关系？要找到这个条件关系，首先要对这三个参数进行简化，简化为两个观察对象，然后再来观察其中的变化规律。这个问题前贤已经有结论，本研究只不过是在用一种逻辑方法来证明这一结论，或者展示发现这一结论的一个过程。

简化的方法是，先将这 6 种语序分为两组，一组为多数语言所选择的语序（565、488 和 95），另一组是少数语言所选择的语序（25、11 和 4）。然后在这两组中对这三个参项进行合并运算，在这三个（或者更多）对象中确立一个相对稳定的坐标，然后将其他两个参

---

① 表中的数字表示采用这一语序的语言的数量。

数设定为一个单位,再在这个单位内部进行观察,这一步骤完成之后再设定另外的坐标来观察,直到最后将所有的 6 种排列全部观察完毕。现在观察多数语言选择的语序组,将 S 设为坐标,观察 V 和 O;将 O 设为坐标来观察 V 和 S;将 V 设为坐标来观察 S 和 O。综上,见表 16-2:

表 16-2

	S 为坐标			O 为坐标			V 为坐标		
565	S	O	V	S	O	V	S	O	V
488	S	V	O	S	V	O	S	V	O
95	V	S	O	V	S	O	V	S	O

由表 16-2 可知:相对 S 而言,O 和 V 两个参项是自由的,不仅有 OV 语序,也有 VO 语序,V 有的在 S 前,有的在 S 后,但是 O 都在 S 后;相对 O 而言,S 和 V 的语序也是自由的,不仅有 SV,也有 VS,V 有的在 O 前,有的在 O 后,但是 S 都在 O 的前面;而相对 V 而言,只有 SO 语序,没有 OS 语序。也就是说,上表中共计 1148 种语言全部都是 SO 类型的,OS 类型的为 0。由此我们可以得到结论:**在人类语言中 S 领先于 O 是一个普遍倾向**。

以上我们用的是 X+(Y+Z)的分配运算的方法,即先确定 X,然后相对 X 观察 Y 和 Z 的关系。接下来我们可以分别观察 S、O 与 V 的关系。从表 16-2 可以发现,以 V 为坐标,V 两边的格子中,S 和 O 这两个参项共出现了 6 次,其中 S 3 次,O 3 次。S 和 O 似乎不分上下。但是如果观察这些语序所采用语言的数量,其间的差别就开始显现:O 靠近 V 的语言是 1053(565+488)种,而 S 靠近 V 的语言是 583(488+95)种。由此可得:**O 比 S 更有靠近 V 的倾向**。

我们用上面的方法继续观察使用数量较少的另一组(共计 40 种语言),我们可以看到它们有个共同的特点,即都是 OS 类型。这也旁证了我们前面指出的 S 领先于 O 的普遍倾向。鉴于前面观察

的经验,我们将 V 设定为坐标来观察,得到表 16-3:

表 16-3

	V 为坐标		
25		V	O	S
11	O	V	S
4	O	S	V

我们看到,O 靠近 V 的共有 36(25+11)种,S 靠近 V 的共有 15(11+4)种,还是 O 靠近 V 多于 S 靠近 V。

将前面的数据相加,我们可以得到表 16-4:

表 16-4

	O 靠近 V	S 靠近 V	S 领先于 O	O 领先于 S
多数语言组	1053	583	1148	0
少数语言组	36	15	0	40
总计	1089	598	1148	40

从表中可知,O 靠近 V 与 S 靠近 V 的比例为 1089∶598(约为 1.8∶1),S 领先于 O 与 O 领先于 S 的比例为 1148∶40(约为 28.7∶1)。因此,现在我们可以得到结论:人类语言有 O 靠近 V 以及 S 领先于 O 的倾向。在人类的语序结构中,"S 领先于 O"作为 S 前置的动因,与"O 靠近 V"作为 O 靠近 V 的动因,它们都对人类的语序有影响。如果这两个因素一致(如 SOV 和 SVO),则形成最佳状态,如果它们不一致,哪个因素会取得更多的权重?即首先服从于哪个动因?不言而喻,上面的数字已经回答了这个问题[①]。

[①] 但上述两因素还无法解答同样满足 O 靠近 V 但违背 S 前置于 O 的 VOS 和 OVS,为何数量上相差较大,陆丙甫、罗天华(2009)对此有个初步的解释。

4 将所有描写结果表述为逻辑命题

前面所讨论的都是句法表面的形式描写,但这些描写结果的表达并不令人满意,它们虽然足够清晰,但简洁性不够。理想状态的描写结果至少是一个全称肯定命题,最好的是一个条件命题,因为只有条件命题能够清晰地告诉我们,在什么样的条件下会出现什么现象。并且,理论解释也比较容易在条件命题的基础上建立起来(参见下一节)。现在我们试图将上面的非条件关系的描写都转化为条件命题,看看能不能从中得到更多的启发。

4.1 在单个对象的分布描写中建立条件命题

对单个对象的描写,结果实际已经是一个条件命题,问题是如何概括或抽象出更为普遍的(而不是个别的、仅限于个案的)条件命题。例如,下面的条件命题抽象度还很不够:

A:如果动词前有表示经常意义的副词,则动词后不能使用已然体标记"了";

B:如果动词前有否定成分"没",则动词后不能使用已然体标记"了";

C:如果动词前有心理动词,则行为动词后不能有已然体标记"了"。

类似的所谓"规则"还可以有很多,但这不是我们描写的最终目的。描写不能使用已然体标记"了"的规则还需要更高层次的抽象,在所有这些具体的低层次规则的基础上,建立起超越这些低层次规则的共性,找到联系所有这些低层次规则的内在联系,只有这样,我们才能建立起较高层次的条件命题,如:如果 X,那么必须(或不能)使用已然体标记"了"。而我们一旦找到这个 X(例如,假设动词后的"了"与现实世界中一个具体的行为有必然联系,前者是后者的充分条件),我们也就离寻求 X 和 Y 之间的解释不远了,理论的建立也就见到曙光了。

4.2 相容析取式的条件命题的表达

在 2.1 中我们讨论过动词和结果次级谓语的例子,在这种具有结果次级谓语的句子中,动词和次级谓语的关系是相容析取的,换句话说,在其他条件不变的情况下,它们中的任意一个都是构成该结构的充分条件。只有当它们两个都不出现,结构才不合格。于是我们可以得到下面的条件命题:这一类句子中的动词不出现蕴含次级谓语出现。这个命题的意思是:如果动词不出现,那么次级谓语出现;如果动词出现,次级谓语可以出现也可以不出现。这个条件命题还等于:次级谓语不出现蕴含动词出现。意思是:如果次级谓语不出现的话,动词一定要出现,如果动词不出现,结构不合格。相反,次级谓语出现的话,动词出现或不出现都可以。

这个条件命题告诉我们,在这样的结构中,动词和次级谓语的句法功能价值几乎是相等的。传统语法将动词后面的成分称之为"补语"是不合适的,与其说它是补语,还不如说它是一种谓语。

4.3 不相容析取式的条件命题的表达

我们在 2.5 中讨论过,在某些句子中,动词前的"没"和动词后的"了"是不相容的,要么有"没"无"了",要么有"了"无"没",二者不能同现,也不能同不现。对于这样的不相容析取关系,我们还是可以通过条件命题来表达,即:没有 X,当且仅当有 Y;或者:有 X,当且仅当没有 Y。更简洁的表述是:X 当且仅当非 Y;或者:非 X,当且仅当 Y。这种条件命题提示我们,X 的出现是以 Y 不出现为前提的。当 Y 不出现,X 才出现,相反也一样。

在语言描写中,充要条件命题比不相容析取更能体现二者之间的条件关系。它能让语言事实更清晰地表现出它们之间的限制或制约关系,也更能启发研究者去探寻条件关系背后的动因。因此,我们觉得,使用条件关系的表述更具研究价值。我们在稍后会进一步讨论,解释如何在条件命题的前件和后件之间建立联系。我们将不相容析取式转写为一个条件命题,将更方便我们在这个条件命题的前件和后件之间建立联系。

4.4 合取关系的条件命题表达

我们在 2.6 节讨论过,合取关系是 X 与 Y 必须同现,缺损任何一个要素,结构都不合格,或者都无法完成既定的结构。这种关系我们同样可以用条件关系命题来表达。

汉语中有一种很特别的歧义结构。首先,它必须是一个定语从句结构,即一般所说的"动词性定语+名词"结构。但并非所有的定语从句结构都是歧义结构,这只是其中的一个必要条件。另一个必要条件是:定语从句所限定的名词必须具有定语从句中动词的施事和受事的双重角色。否则它就不会是这种类型的歧义结构。下面的例子说明,"定语从句"这一必要条件是如何与"施事、受事双重角色"这一必要条件"合取"才构成特定的歧义结构的:

a 批评张三的老师(两必要条件合取)
b 张三的老师(非定语从句)
c 批评张三的错误(名词非双重角色)
d 张三的书(既非定语从句,名词也非双重角色)

上面 a 实际上是两个合取关系的套叠:$A \wedge (B \wedge C)$。其中,A 是定语从句,名词为施事和受事双重角色为$(B \wedge C)$,即施事合取受事。下面的例子可以说明 B 和 C 必须"合取"(同时为真)才能构成结构歧义:

a 打的人(施事、受事,歧义)
b 打的凶手(施事,非受事,无歧义)

c 打的对象(受事,非施事,无歧义)
d 打的地点(非施事,非受事,无歧义)

这种合取关系我们可以用条件命题表述为:如果有 X 就必须要有 Y,并且如果有 Y 也必须要有 X;同时也不存在既无 X 也无 Y 的设定结构。这就意味着语言中存在这样一种现象,如果有 X 而没有 Y'该结构是失败的;反过来有 Y 而没有 X'该结构也是失败的;并且二者皆无该结构也同样是失败的。这一点与 2.4 中讨论的充要条件不同。

5 解释:就是在命题内部寻求必然关系

范晓(2008)将解释划分为狭义解释和广义解释,很具创造性。该文详细地介绍了语法研究中各种解释的角度:语法、语义、语用、客观事实、认知、逻辑、历史、语言接触、社会文化、词汇、语音文字等,几乎穷尽了所有解释的可能,几乎所有可能的因素都列举到了。这里我们在范文的基础上讨论最关键的一个问题,即如何在某种描写形式与某些解释的可能性之间建立相关性。解释应该在哪些概念之间进行?探索解释的目标、依据和路径是什么?我们不仅要加强描写语法的解释性,更重要的是要加强描写的精确性,从而加强描写和解释之间的联系。

描写和解释是研究工作中最核心的两大环节。解释是在描写的基础上作出的。我们提倡,描写的结果至少是一个全称肯定命题,最好是一个条件命题。这是为了方便描写之后的解释而设的。

在我们看来,所谓解释就是在全称肯定命题或条件命题的前后件之间,寻求二者间的必然关系。即:全称肯定命题的主项和谓项之间具有什么样的必然联系?为什么主项必然有谓项的属性?主项必然具有谓项的动因或机理是什么?同理,一个条件命题的前件和后件之间有什么必然关系?为什么前件一定导致后件的发生？其动因是什么？例如，生物学家要寻求下面命题中主项和谓项之间的必然联系："所有人都是要死的"，主项"所有人"和"死"之间有何必然联系？这种必然联系是什么因素导致的？全称命题的性质告诉我们，"死"是一个比"人"外延上更为广泛的概念，不仅是人，其他生物也都会有"死"的属性，因此，通过寻求"死"的更广泛的解释来说明"人是要死的"才具有理论意义。具体地说，解释"所有生物都是要死的"才有理论意义。"生物"和"死"之间的相关性比"人"和"死"之间的相关性更直接和密切，从中更容易找到正确的解释。否则的话，可能因为想到人是有语言的动物，而把"死"跟"语言"联系起来，就走入了迷途。正如朱晓农（2008）举例所说：某人第一天喝威士忌加苏打水喝醉了，第二天喝白兰地加苏打水又醉了，第三天喝杜松子酒加苏打水还是醉了，他归纳说：苏打水致醉。同样道理，可以归纳出会说话的人都要死。

天文学家或许要面对如下问题寻求解释：如果公鸡叫，那么太阳就会出来。解释要求找出公鸡叫和太阳出来之间的必然联系。显然，如果将公鸡叫看作是太阳出来的充分条件，那么无论是天文学家还是生物学家都无法在二者间找到任何必然联系，建立二者间联系的尝试必将失败。证明该命题不能成立。然而，如果将此命题颠倒过来：如果太阳出来，公鸡就会叫。或许生物学家能够在这个前件和后件之间建立起动因联系（太阳出来是公鸡叫的动因）。那么一种新的理论就可能诞生。

因此，理论解释的主要工作是在命题内部的主项和谓项之间，或者在前件和后件之间建立联系，指出二者间的必然性，以及导致这种必然性的原理或因素、动力。我们可以将描写的结果看作是一种形式规则（这种规则可以通过对形式的描写得到，因此它被上海现代语言学会的多数成员称为"形式描写"），而对语言形式规则的解释则是寻求其动因——即形式背后的功能驱动。上海现代语言学会的主要成员们认为：语言的任何形式都能够得到功能上的

解释,因为任何语言形式都与某种功能保持着一致关系,唯其如此,才能保持这种形式在语言中存在的价值。(金立鑫等,1996)

请看下面的例子:

(13) 张三洗干净了衣服。

(14) 李四打死了张三。

上面的两个例子都是传统语法中所说的"动补结构",我们可以将其看作"双述谓结构",第一谓词描述的是主语的行为,第二谓词描述的是后面的宾语。例如(13)中的"干净"描述宾语"衣服",例(14)中的"死"描述宾语"张三"。根据这样的结构规则,可以类推出其他相似的结构。但是普通话中还有另一种双述谓结构:

(15) 张三吃饱了饭。

(16) 李四喝醉了酒。

这里的双述谓结构与上面的不同,两个谓词都是陈述主语的,第二个谓词嵌在第一谓词和宾语之间,即:吃(饱)饭,喝(醉)酒。语义上,第二谓词所描述的状态(饱、醉)是第一谓词事件的结果,换句话说,第一谓词和宾语构成的动宾结构表达原因,第二谓词表达由第一谓词致使主语达到的结果。以上是对例(15)和(16)的结构和语义规则的描述。那么这个规则是否具有类推性呢?请看反例[①]:

(17) *张三吃胖了肉。

(18) *李四跑瘦了步。

从结构上说,第一谓词和宾语的组合没有问题:吃肉,跑步;第二谓词和主语之间的组合也没有问题:张三胖了,李四瘦了。从语义上看,"张三吃肉"和"张三胖了"之间有因果关系,"李四跑步"和

---

① 这两个例句是吴登堂老师2017年在韩国世明大学孔子学院的教师培训会上提出的。

"李四瘦了"之间也有因果关系。但是它们为什么不合格？这需要提供解释，需要提出新的规则。我们说过，所有现象背后都有规则，所有规则都有反例，所有反例都有动因，即新的规则。那么导致(17)(18)不合格的规则是什么呢？

我们只能从原有规则内部的前后项关系来入手。我们对例(15)(16)抽象得到的规则是：若两个谓词都陈述主语，并且第一谓词和宾语表达原因，第二谓词表达结果，则该结构成立，并且表达致使关系。若有例外，必然是规则的前项出了问题，因此我们必须再次思考前项哪里出了问题，导致后项不成立——有例外，如(17)(18)？

经过仔细观察可以发现，(15)(16)的"吃饭"和"喝酒"都是一个特定的事件，该特定事件导致"饱"和"醉"的结果。但是(17)(18)中的"胖了"和"瘦了"并不是特定事件"吃肉""跑步"导致的结果，而是这些事件多次积累的结果。因此，我们需要修改之前的规则：若两个谓词都陈述主语，并且第一谓词和宾语表达某一特定事件，第二谓词表达第一谓词导致的结果，则该结构成立，并且该结构表达双述谓之间的因果致使关系。

但是问题又来了，(16)中的"醉"如果改为"死"就不成立：

(19) *李四喝死了酒。

这是上面的规则无法解释的，(19)所表达的也可以是一个特定的事件，但是为什么不合格？这涉及另一个问题：谓词与其论元之间的选择配置关系。上面所有第二谓词直接表述的是主语，如：张三胖、李四醉、李四瘦，但是(15)和(16)合格，而(17)(18)(19)不合格。因此问题不是第二谓词与主语之间的选择关系，而在第二谓词与宾语之间的选择关系。

在上面(15)—(19)的结构中，宾语首先是第一谓词的内论元，但是由于第一谓词与第二谓词组合在一起，并且句法上在宾语之前，因此第二谓词对宾语也有间接选择配置关系。唯有满足这一间接选择配置关系,句法语义才能得到满足。以上(15)(16)第二谓词与宾语的选择关系可以描写为:饭—饱、酒—醉。也可以说,"饱"和"醉"可以指派论旨角色给"饭"和"酒"。也可以说,"饱"的论元目录中包含"饭","醉"的论元目录中有"酒",它们是"饱""醉"的内论元,投射在结构内层。如果加进主语外论元,结构可以描写为:张三饭饱、李四酒醉。这些在语义关系上都能得到解释。但是再来看(17)—(19),如果同样按照上面的描写,我们得到的是:肉—胖、步—瘦、酒—死,这在语义上无法得到解释,或者说,谓词"胖""瘦""死"无法分别指派论旨角色给"肉""步"和"酒":＊张三肉胖、＊李四步瘦、＊李四酒死。谓词"胖""瘦""死"没有"肉""步""酒"这些内论元,因此也无法投射出来。

这还可以解释为什么(19)可以用重动句来表达:

(20)李四喝酒喝死了。

这个句子由于"喝死了"的前面有个空代词(李四/他),因此谓词"喝/死"都只能给空代词"李四"指派论旨角色,而无法越过空代词给前面的"酒"指派论旨角色。

由此看来,论元角色与谓词之间的选择配置关系,或论元角色的可指派关系是更好的理论解释。

我们再来看"格林伯格(Greenberg)蕴含共性25"(可以看作是格林伯格对这一语言形式描写的结果):如果代词性宾语后置于动词,那么名词性宾语也同样后置。(Greenberg,1963/1984)这个蕴含关系可以转写为:如果名词宾语前置,那么代词宾语也前置。二者在逻辑上是等价的。现在解释的程序要求在"如果代词宾语后置,那么名词宾语也后置"或者"如果名词宾语前置,那么代词宾语也前置"这个条件关系的前件与后件之间建立必然联系,或者说解释代词宾语后置为什么蕴含名词宾语后置。

陆丙甫(2005)提出"可别度领先"理论,该理论可以表述为两个全称肯定命题:一、如果其他一切条件相同,可别度

(identifiability，以"有定性"为核心的原型范畴)较高的成分必然前置于可别度较低的成分；二、如果其他一切条件相同，可别度越高的成分前置倾向越大。命题一适用于两个可同现的成分，如主语和宾语。命题二适用不能同时出现的成分，如名词性直接宾语和代词性直接宾语。命题二可以解释"格林伯格共性25"。因为代词总是定指的或有所指的，而名词则不一定。代词的可别度高于名词，前置倾向也较明显。"格林伯格共性25"实际就是说，前置倾向较弱的名词宾语前置蕴含着前置倾向较强的代词宾语也前置。其理据性就是，可能性较低的现象的发生蕴含着可能性较高的同类现象也会发生。这好比一个人买得起奢侈品，也买得起日常消费用品，很容易理解。

理论必须具有普遍性。"可别度领先"理论不是一个特设性解释，而是一个具有普遍性的理论。在涉及几乎任何与指别度相关的成分序列的排列中，它都顽强地表现出来。它同样适用于这条共性"如果领属名词前置于核心名词，那么领属代词也前置于核心名词"(Ultan，1978：24)。可见，同样的相关性不仅表现在宾语中，也表现在领属语中。又如：

(21) a 老师批评了他一顿。
　　　b?老师批评了一顿他。
　　　c 老师批评了一顿李四。

这个例子也说明代词宾语比一般名词更要求前置。再看：

(22) a 动词—宾语—状语：to read the book carefully
　　　b * 动词—状语—宾语：* to read carefully the book
　　　c 状语—宾语—动词：认真地把书看了一遍
　　　d 宾语—状语—动词：把书认真地看了一遍

例(22)的形式可以表述为：宾语尽可能靠近动词；宾语远离动词蕴含宾语前置或指别度低。或者说，宾语后置并且指别度高蕴含宾语靠近动词。简单肯定命题"宾语尽可能靠近动词"(这个"尽可能"意味着有条件的话可以远离动词),已经有现成的理论可以解释,Behaghel 于 20 世纪 20 至 30 年代提出了世称"Behaghel 第一定律"(Behaghel's First Law)的"语义靠近"理论。宾语属于动词的内部论元,应该靠近动词。

例(22a)(22c)中宾语都是靠近动词的,因此两例都合格。(22d)满足"宾语远离动词而宾语前置"的条件,结构合格。但(22b)却是宾语远离动词而可别度高,违背了蕴含规则。在这里我们看到,"可别度领先"原则获得了更多的权重,在例(22)中,宾语凡是可别度高而前置的,靠近或不靠近动词均合格。

上面我们用"可别度领先"原理在蕴含命题的前件"宾语远离动词"和后件"宾语前置或指别度低"之间建立了联系,这就是我们所理解的理论解释。我们所举的"可别度领先"作为一种理论并非特设性的,更不是对事理的说明。如本研究对其他问题的分析所见到的,它具有广泛的普遍性。理论不仅要具有解释力,而且要有可操作性。理论本身也可以用一个条件命题来表达,如:如果一个语言单位的可别度高于它的相邻成分,它比其相邻成分更有前置的倾向。

思考与练习

请对本书中所介绍的描写方法以及描写要求做一个总结,谈谈你在本学期使用这本教材后的心得,结合你所阅读到的其他语言学研究论文或专著,谈谈你对语言研究的体会。欢迎对这本教材提出意见或建议。本书作者电子邮件地址:jinlixin@hotmail.com。

参考文献

Biq, Yung-O 1984. The semantics and pragmatics of CAI and JIU in Mandarin Chinese. *Unpublished doctoral dissertation*, Cornell University. [Published (1987). Bloomington: Indiana University Linguistics Club.]

Biq, Yung-O 1988. From focus in proposition to focus in speech situation: CAI and JIU in Mandarin Chinese. *Journal of Chinese Linguistics* 16, 72—108.

Li, Charles Sandra A. Thompson, and M. Thompson 1982. The Discourse Motivation for the Perfect Aspect: the Mandarin Particle LE. In P. J. Hopper(ed.) *Tense and Aspect: Between Semantics and Pragmatics*. Amsterdam; Philadelphia: John Benjamins Publishing Company, 19—44.

Chomsky, N. 1957. *Syntactic Structures*, The Hague/Paris: Mouton.

Chomsky, N. 1982. *Some Concepts and Consequences of the Theory of Government and Binding*. Cambridge, Mass. : The MIT Press.

De Swart, H. 1993. *Adverbs of Quantification: A Generalized Quantifier Approach*. New York & London: Garland Publishing, INC.

Dik, Simon C. 1997, *The Theory of Functional Grammar*. Berlin & New York: Mouton de Gruyter

Dryer, M. S. 1992. The Greenbergian Word Order Correlations, *Language* 68(1): 81—138.

Dryer, M. S. 2013a. Order of Subject, Object and Verb. In Dryer, Matthew S. & Haspelmath, Martin (eds.) *The World Atlas of Language Structures Online*. Leipzig: Max Planck Institute for Evolutionary Anthropology. (Available online at http://wals.info/chapter/81, Accessed on 2020—03—02.)

Dryer, M. S. 2013b. Order of Adjective and Noun. In Dryer, Matthew S. & Haspelmath, Martin (eds.) *The World Atlas of Language Structures Online*. Leipzig: Max Planck Institute for Evolutionary Anthropology. (Available online at http://wals.info/chapter/87, Accessed on 2020—03—03.)

Greenberg, Joseph H. 1963. Some Universals of Grammar with Particular Reference to the Order of Meaningful Elements. [中译文:陆丙甫、陆致极译,1984,《当代语言学》(2)。]

Haspelmath, M. 2006. http://email.eva.mpg.de/~haspelmt/6.WordOrder.pdf.

Hengeveld. K. 1990. Parts of Speech. In Michael D. Fortescue, Peter Harder, Lars Kristoffersen (eds.), *Layered Structure and Reference in a Functional Perspective: Papers from the Functional Grammar Conference in Copenhagen*. Amsterdam: John Benjamins, 29—55.

Hengeveld, K. 1992. *Non-Verbal Predication: Theory, Typology, Diachrony*. Berlin: Mouton de Gruyter.

Hole, Daniel P. 2004. *Focus and Background Marking in Mandarin Chinese: System and theory behind cái, jiù, dōu and yě*, New York: Routledge Curzon.

Li, Audrey Yen-Hui. 2001. *The ba-construction*. University of Southern California.

Lai Huei-ling. 1995. *Rejected expectations: The scalar particles CAI and JIU in Mandarin Chinese*. ProQuest Dissertations & Theses (PQDT), The University of Texas at Austin.

Lu Bingfu. 1998. *Left-right Asymmetries in Word Order Variation: A Functional Explanation*. University of Southern California.

McCawley, J. D. 1992. Justifying Part-of-speech Assignments in Mandarin Chinese, *Journal of Chinese Linguistics* 20(2): 247—287.

Paris, Marie-Claude 1985. The Semantics of JIU and CAI in Mandarin Chinese. *In Computational Analyses of Asian and African Languages*, 181—196. Tokyo: University of Foreign Studies. Presented at the 14th International Conference on Sino-Tibetan Languages and Linguistics, 1981.

Reichenbach, H. 1947. *Elements of Symbolic Logic*. New York: Free Press.

Tai, J., H-Y. 1984. Verbs and times in Chinese: Vendler's four categories. In David Testen, Veena Mishra, and Joseph Drogo (eds.) *Papers from the Parasession on Lexical Semantics*. Chicago, Illinois: Chicago Linguistic Society.

Ultan, Russell 1978. Toward a typology of substantival possession. In Greenberg (ed.) *Universals of Human Languge*, Vol. 4: Synta, 11—50. Stanford, Stanford University Press.

Vendler, Zeno 1957. Verbs and times. *The Philosophical Review*. 66(2):143—160,

Cornell University Press.

白梅丽 1987,现代汉语中"就"和"才"的语义分析,《中国语文》(5)。

曹文抗 2007,介词"对"和"对于"辨查,《科教文汇》(9)。

陈　平 1988,论现代汉语时间系统的三元结构,《中国语文》(6)。

陈昌来 1994,论动后趋向动词的性质——兼谈趋向动词研究的方法,《烟台师范学院学报(哲学社会科学版)》(4)。

陈立民 2005,也说"就"和"才",《当代语言学》(1)。

陈立民、张燕密 2008,释"还、再、又",《语言研究》(3)。

崔希亮 1995,"把"字句的若干句法语义问题,《世界汉语教学》(3)。

戴浩一 1988,时间顺序和汉语的语序,《国外语言学》(1)。

戴耀晶 1997,《现代汉语时体系统研究》,杭州:浙江教育出版社。

范　晓 2008,语法研究中"解释"的解释,《汉语学习》(6)。

范继淹 1963,动词和趋向性后置成分的结构分析,《中国语文》(2)。

范立珂、陈　忠 2009,"就"与"了"的隐现问题:"衔接"义和"完成"义的"一致性",《社科纵横》(9)。

高桥弥守彦 2002,表示移动的"走进来",第七届世界汉语教学研讨会论文。

龚千炎 1994,现代汉语的时间系统,《世界汉语教学》(1)。

关　键 1997,补语"上"的意义和用法,《天津师大学报(社会科学版)》(2)。

郭　锐 1993,汉语动词的过程结构,《中国语文》(6)。

郭　锐 1997,过程和非过程——汉语谓词性成分的两种外在时间类型,《中国语文》(3)。

郭　锐 2000,表述功能的转化和"的"字的作用,《当代语言学》(1)。

郭　锐 2002,《现代汉语词类研究》,北京:商务印书馆。

胡建华、石定栩 2006,量化副词与动态助词"了"和"过",中国语文杂志社编,《语法研究和探索》(十三),北京:商务印书馆。

黄月圆 1996,把/被结构与动词重复结构的互补分布现象,《中国语文》(2)。

蒋静忠、魏红华 2010,焦点敏感算子"才"和"就"后指的语义差异,《语言研究》(4)。

蒋　琪、金立鑫 1997,"再"与"还"重复义的比较研究,《中国语文》(3)。

蒋　严、潘海华 2005,《形式语义学引论》,北京:中国社会科学出版社。

金立鑫 1997a,"把"字句的句法、语义、语境特征,《中国语文》(6)。

金立鑫 1997b,功能解释语法的解释程序和配价研究,《外国语》(3)。

金立鑫 1998a,选择使用"把"字句的流程,《汉语学习》(4)。

金立鑫 1998b,试论"了"的时体特征,《语言教学与研究》(1)。

金立鑫 2002a,"把"字句的配价成分及其句法结构,《现代中国语研究》(日本朋友书店)(4)。

金立鑫 2002b,词尾"了"的时体意义及其句法条件,《世界汉语教学》(1)。

金立鑫 2003,"S 了"的时体意义及其句法条件,《语言教学与研究》(2)。

金立鑫 2004,汉语时体表现的特点及其研究方法,竟成主编《汉语时体系统国际研讨会论文集》,上海:百家出版社。

金立鑫 2007,《语言研究方法导论》,上海外语教育出版社。

金立鑫 2009a,关于"时"的定位和"体"的类型的一点意见,《东方语言学》(5)。

金立鑫 2009b,"时""体"范畴的本质及其蕴含共性,程工、刘丹青主编《汉语的形式与功能研究》,北京:商务印书馆。

金立鑫 2009c,解决现代汉语补语问题的一个可行性方案,《中国语文》(5)。

金立鑫 2012,语言研究的科学范式,《语言科学》,创刊 10 周年学术研讨会论文(徐州)。

金立鑫 2015,关于"就"和"才"若干问题的解释,《语言教学与研究》(6)。

金立鑫、崔圭钵 2019,"把"字句的结构功能动因分析,《汉语学习》(1)。

金立鑫、黄锦章、戴耀晶、左思民 1996,功能与解释的交会,《语言文字应用》(1)。

金立鑫、邵 菁 2010,Charles N. Li 等"论汉语完成体标记词'了'的语用驱动因素"中某些观点商榷,《当代语言学》(4)。

金立鑫、于秀金 2013,"就/才"句法结构与"了"的兼容性问题,《汉语学习》(3)。

金立鑫、于秀金 2015,关于时体类型的思考,《中国语文法研究》(日本)(4)。

竟 成 1993,关于动态助词"了"的语法意义问题,《语文研究》(1)。

竟 成 1996,汉语的成句过程和时间概念的表述,《语文研究》(1)。

黎 明 2010,中国语の重复の副词"再"、"又"、"还"について,《熊本大学言语学论集(ありあけ)》(9)。

李 泉 1996,"形 + 宾"现象考察,胡明扬主编《词类问题考察》,北京语言文化大学出版社。

李铁根 1993,"了$_1$"和"了$_2$"的区别方法的一点商榷,《中国语文》(3)。

李英哲等 1990,《实用汉语参考语法》,北京语言学院出版社。

李宇明 1996,非谓形容词的词类地位,《中国语文》(1)。

刘丹青 2003,《语序类型学与介词理论》,北京:商务印书馆。

刘丹青 2005a,语法调查与研究中的从属小句问题,《当代语言学》(3)。

刘丹青 2005b,形容词和形容词短语的研究框架,《民族语文》(5)。

刘丹青 2008,汉语名词性短语的句法类型特征,《中国语文》(1)。

刘勋宁 1985,现代汉语句尾"了"的来源,《方言》(2)。

刘勋宁 1988,现代汉语词尾"了"的语法意义,《中国语文》(5)。

刘勋宁 1999,现代汉语的句子构造和句尾"了"的语法位置,《语言教学与研究》(3)。

刘勋宁 2000,答友人——关于语法分析的几个原则问题,《世界汉语教学》(3)。

刘月华 1989,《汉语语法论集》,北京:现代出版社。

陆丙甫 1984,副词"就"的义项分合问题,《汉语学习》(1)。

陆丙甫 1988,定语的内涵性、外延性和称谓性及其顺序,《语法研究和探索》(四),北京大学出版社。

陆丙甫 2003,"的"的基本功能和派生功能——从描写性到区别性再到指称性,《世界汉语教学》(1)。

陆丙甫 2004,作为一条语言共性的"距离-标记对应律",《中国语文》(1)。

陆丙甫 2005,语序优势的认知解释:论可别度对语序的普遍影响,《当代语言学》(1)(2)。

陆丙甫 2006,"形式描写、功能解释"的当代语言类型学,《东方语言学》(创刊号)。

陆丙甫 2007,"的"的分布及其基本功能和派生功能——从描写性到区别性再到指称性,徐杰、钟奇主编《汉语词汇·句法·语音的相互关联》,北京语言大学出版社。

陆丙甫 2008,再谈汉语"的"和日语的的区别,《外国语》(3)。

陆丙甫、罗天华 2009,中国境内语言的双及物结构语序,《汉藏语学报》(3)。

陆俭明 1989,"V来了"试析,《中国语文》(3)。

陆俭明、马 真 1985,《现代汉语虚词散论》,北京大学出版社。

陆俭明 1991,现代汉语句法里的事物化指代现象,《语言研究》(1)。

吕叔湘 1999,《现代汉语八百词》(增订本),北京:商务印书馆。

吕叔湘、饶长溶 1981,试论非谓形容词,《中国语文》(2)。

吕文华 1983,"了"与句子语气的完整及其它,《语言教学与研究》(3)。

马庆株 1981,时量宾语和动词的类,《中国语文》(2)。

马庆株 1992,《汉语动词和动词性结构》,北京语言学院出版社 1996 重印。

马庆株 1997,"V来/去"与现代汉语动词的主观范畴,《语文研究》(3)。

马希文 1983,关于动词"了"的弱化形式/lou/,《中国语言学报》(1)。

马 真 1999,关于表重复的副词"又""再""还",陆俭明、马真著《现代汉语虚词散论》,北京:语文出版社。

梅祖麟 1981,明代宁波话的"来"字和现代汉语的"了"字,《方言》(1)。

齐沪扬 1990,谈区别词的归类问题,《南京师范大学学报(社会科学版)》(2)。
齐沪扬 1998,《现代汉语空间问题研究》,上海:学林出版社。
山田留里子 2002,"动+起来"和"动+了+起来"——汉日互译中的一些对照分析,第七届世界汉语教学研讨会论文。
邵霭吉 2008,"唯谓形容词"考辨,《云南师范大学学报(对外汉语教学与研究版)》(5)。
邵 菁、金立鑫 2007,《认知功能教学法》,北京语言大学出版社。
邵敬敏 1997,从"才"看语义与句法的相互制约关系,《汉语学习》(3)。
沈家煊 1995,"有界"与"无界",《中国语文》(5)。
沈家煊 1997,形容词句法功能的标记模式,《中国语文》(4)。
沈家煊 1999,《不对称和标记论》,南昌:江西教育出版社。
沈家煊 2012,零句和流水句,《中国语文》(5)。
沈开木 1987,"了₂"的探索,《语言教学与研究》(2)。
石毓智 1992,论现代汉语的"体"范畴,《中国社会科学》(6)。
石定栩 1997,"是"、"的"与动词名物化,《中国语文通讯》(43)。
石定栩 2000,语义、句法、话语和语用的关系—从"的"字结构谈起,《语法研究和探索》(十),北京:商务印书馆。
石定栩 2003,理论语法与汉语教学——从"是"的句法功能谈起,《世界汉语教学》(2)。
史金生 1993,时间副词"就""再""才"的语义、语法分析,《逻辑与语言学习》(3)。
王 还 1956,"就"与"才",《语文学习》(12)。
王 还 1995,《对外汉语教学语法大纲》,北京语言学院出版社。
王 群 2005,试论"才"和"就"的语义变化的双向性和不平衡性,《语言科学》(6)。
王红旗 2001,动结式述补结构在把字句和重动句中的分布,《语文研究》(1)。
魏扬秀 2001,《重动句原因解释功能分析》,北京语言文化大学硕士研究生论文。
吴道平 2012,为何形式主义?《外国语》(5)。
萧国政、邢福义 1984,同一语义指向的"动/趋来",《华中师范学院研究生学报》(3)。
徐以中、杨亦鸣 2010,"就"与"才"的歧义及相关语音问题研究,《语言研究》(1)。
薛凤生 1994,"把"字句和"被"字句的结构意义——真的表示"处置"和"被动"?戴浩一、薛凤生主编《功能主义与汉语语法》,北京语言学院出版社。
于秀金、金立鑫 2005 俄汉时体的类型学蕴涵共性假设,《外国语》(2)。
袁毓林 1995,词类范畴的家族相似性,《中国社会科学》(1)。

袁毓林 2005,基于隶属度的汉语词类的模糊划分,《中国社会科学》(1)。
岳中奇 2000,"才"、"就"句中"了"的对立分布与体意义的表述,《语文研究》(3)。
张伯江 1997,性质形容词的范围和层次,《语法研究和探索》(八),北京:商务印书馆。
张伯江 2000,论"把"字句的句式语义,《语言研究》(1)。
张伯江 2011,现代汉语形容词做谓语问题,《世界汉语教学》(1)。
张国宪 2007,状态形容词的界定和语法特征描述,《语言科学》(6)。
张济卿 2000,有关"把"字句的若干验证与探索,《语文研究》(1)。
张旺熹 2002,重动结构的远距离因果关系动因,《汉语语法研究的新拓展》(一),杭州:浙江教育出版社。
张谊生 1999,现代汉语副词"才"的共时比较,《上海师范大学学报(哲学社会科学版)》(06)。
赵　军 1996,词汇功能语法,《语言文字与应用》(4)。
赵元任 2011,《中国话的文法》,北京:商务印书馆。
周国光 2002,释"合情合理"与"偏听偏信"的对立,《语言教学和研究》第1期。
周守晋 2004,"主观量"的语义信息特征与"就"、"才"的语义,《北京大学学报(哲学社会科学版)》(3)。
朱德熙 1961,说"的",《中国语文》(12)。
朱德熙 1979,与动词"给"相关的句法问题,《方言》(2)。
朱德熙 1981,"在黑板上写字"及相关句式,《语言教学与研究》(1)。
朱德熙 1982,《语法讲义》,北京:商务印书馆。
朱德熙 1983,自指和转指——汉语名词化标记"的、者、所、之"的语法功能和语义功能,《方言》(1)。
朱晓农 2008,《方法:语言学的灵魂》,北京大学出版社。
祝东平、王　欣 2008,"就"字句、"才"字句表主观量"早"、"晚"与"了"的隐现,《宁夏大学学报(人文社会科学版)》(4)。
邹洪民 2001,致使义"把"字句的语义语用分析,《语言与翻译》(1)。
中国社会科学院语言研究所词典编辑室 2005,《现代汉语词典》(5版),北京:商务印书馆。

北京大学出版社语言学教材总目

博雅21世纪汉语言专业规划教材:专业基础教材系列
语言学纲要(修订版)　叶蜚声、徐通锵著,王洪君、李娟修订
语言学纲要(修订版)学习指导书　王洪君等编著
现代汉语(第二版)(上)　黄伯荣、李炜主编
现代汉语(第二版)(下)　黄伯荣、李炜主编
现代汉语学习参考　黄伯荣、李炜主编
古代汉语　邵永海主编(即出)
古代汉语阅读文选　邵永海主编(即出)
古代汉语常识　邵永海主编(即出)

博雅21世纪汉语言专业规划教材:专业方向基础教材系列
语音学教程(增订版)　林焘、王理嘉著,王韫佳、王理嘉增订
实验语音学基础教程　孔江平编著
现代汉语词汇学教程　周荐编著
简明实用汉语语法教程(第二版)　马真著
当代语法学教程　熊仲儒著
修辞学教程(修订版)　陈汝东著
汉语方言学基础教程(第二版)　李小凡、项梦冰编著,项梦冰修订
语义学教程　叶文曦编著
新编语义学概要(修订版)　伍谦光编著
语用学教程(第二版)　索振羽编著
语言类型学教程　陆丙甫、金立鑫主编
汉语篇章语法教程　方梅编著(即出)
汉语韵律语法教程　冯胜利、王丽娟著
新编社会语言学概论　祝畹瑾主编
计算语言学教程　詹卫东编著(即出)
音韵学教程(第五版)　唐作藩著
音韵学教程学习指导书　唐作藩、邱克威编著
训诂学教程(第三版)　许威汉著

校勘学教程　管锡华著
文字学教程　喻遂生著
汉字学教程　罗卫东编著（即出）
文化语言学教程　戴昭铭著（即出）
历史句法学教程　董秀芳著（即出）

博雅21世纪汉语言专业规划教材：专题研究教材系列

实验语音学概要（增订版）　鲍怀翘、林茂灿主编
现代汉语词汇（重排本）　符淮青著
现代汉语语法研究教程（第五版）　陆俭明著
汉语语法专题研究（增订版）　邵敬敏等著
现代实用汉语修辞（修订版）　李庆荣编著
新编语用学概论　何自然、冉永平编著
外国语言学简史　李娟编著（即出）
近代汉语研究概要　蒋绍愚著
汉语白话史　徐时仪著
说文解字通论　黄天树著
甲骨文选读　喻遂生编著（即出）
商周金文选读　喻遂生编著（即出）
汉语语音史教程（第二版）　唐作藩著
音韵学讲义　丁邦新著
音韵学答问　丁邦新著
音韵学研究方法导论　耿振生著
语法分布描写方法与案例　金立鑫编著

博雅西方语言学教材名著系列

语言引论（第八版中译本）　弗罗姆金等著，王大惟等译
语音学教程（第七版中译本）　彼得·赖福吉等著，
　　　　　　　　　　　　　张维佳、田飞洋译
语音学教程（第七版影印本）　彼得·赖福吉等著
方言学教程（第二版中译本）　J. K. 钱伯斯等著，吴可颖译
构式语法教程（影印本）　马丁·休伯特著
构式语法教程（中译本）　马丁·休伯特著，张国华译